自分を探すな

世界を見よう

父が息子に伝えたい骨太な人生の歩き方

田端信太郎

マガジンハウス

自分を探すな　世界を見よう

父が息子に伝えたい骨太な人生の歩き方

ブックデザイン／ＴＹＰＥＦＡＣＥ（ＣＤ 渡邊民人、Ｄ 谷関笑子）

私を越えて
私の見ない世界を生きる
君たちへ

本当に伝えたいことは
これだけ

はじめに——10

第1章——自分の人生に乗れ
人生でもっとも大切な「自分軸」の作り方

君は「やる側」か、「やらない側」か——26
99％の「やりたい」ではなく、1％の「やる」が夢を叶える——30
「今」をつかめない人は永遠と「今」を生きることができない——35
成功者の99％は正しい時に正しい場所にいる——37
人生を左右する「運」が生まれるメカニズム——43
好奇心とは脳みその食欲である——46
行動力を加速させる「欠落」があるか？——49
世界を広げるツールを探せ——53
原体験が生きる感度を上げる——56

第2章 なぜ君は学ぶのか

成長を止めない学び方

世界が色褪せて見えるのは、自分のメガネが曇っているから――62
大学は行く価値があるのか？ 学歴とは何か――66
学校で学べることと学べないこと――72
仕事とは関係ない場所で出会えるメンターこそ一生の師――77
自分とは全く違う世界の師匠にも会いに行け――82
忖度のない世界で謙虚さを学ぶ――87
教養とは、人と繋がる力である――93

第3章 子育てで自分を育てる

人生を鮮やかにする家族の考え方

家族と過ごせる時間はほんの一瞬 98
子育てに「意味」はない 101
子どものために頑張る、は危険思想 104
子育ての「答え合わせ」は「あの世」で 107
子どもは他人、究極の他者 110
楽しめない大人の背中を見せるな 113
30越えたら仕事を現実逃避に使うな 115
親への反抗心を喜べ 118
弟子としての息子と子どもとしての娘 122
「感謝されたい」を捨てろ 124
子どもには教えること以上に、教えられることがはるかに多い 127

第4章——生きた証明となる仕事をしろ

刺激と自由を与えてくれる働き方

仕事は人生を幸せに生きるための仕掛け 130
君は何になりたいんだ？ 135
自分を分析し続けた人だけに天職は現れる 139
情報の落差を利用せよ！ 150
無知が強みに、博識が仇に 155
揉めた時にこそビジネスのスキルは上がる 158
仕事とはお金を巡る共犯関係 160
正直こそ最大のリスクヘッジである 163
雇ってもらう姿勢だけはするな 168
議論の中で踊れ 172

第5章——男であることを全《まっと》うする
自分の器の作り方

生きること自体を目的にしない——176
自己犠牲こそが人の器を広げる——181
男として、女として、最大のタブーとは何か——186
負けることは「恥」ではない。「逃げ癖」が人を腐らす——190
恥をかき続けられる人は死ぬまで成長する——192
コンフォートゾーンから出よ。
痛いところと向き合うことが糧となる——197
女性への畏怖と違和感の正体——201
「人が動き、社会が動く」——その力を君も持っている——206
終わりがあるからこそ、人生は尊い——210

Taba-tour Diary ―― 214
おわりに ―― 220

はじめに

アメリカネバダ州。文字通り何もない、誰もいない砂漠の荒野。私は路肩に車を停めて息子を待っていた。砂漠の中の、永遠に続いているようにさえ見える一本道を、はるか遠くの方から息子が歩いてきた。その姿が、針で突いた点のような小さな影から、徐々に大きくなり形を帯びていく光景を、私はじっと見つめていた。時間にしてほんの5分足らずだっただろうか。しかしその5分は、私に、息子と過ごしたこれまでの13年間を思い起こさせるには十分な時間だった。ここ最近、急に背が伸びてきた息子は、もうあと何年かで私の背を抜くことだろう。

「この後、私が立つ場所を通り過ぎて、彼の道を歩んでいってほしい」

灼熱の太陽の下、ふとそんなことを思った。

2022年夏。46歳の私は、13歳の長男と7歳の次男を連れて、旅に出た。男3人で3週間かけて、アメリカ中をキャンピングカーで巡った。あの旅は、私にとって本当に最高の旅だった。クルマを走らせながら、「ああ、俺はこういう旅をしたかったんだ!!!」と心の底から思える、死ぬまで忘れないような、魂が震える瞬間が何度もあった。魔法のような3週間だった。

そしてあの旅は、息子たち二人と行ったことに、とても大きな意味があったと父である私は感じた。13歳というタイミングは、昔で言えば元服をして大人の仲間入りを果たす年齢だ。初陣を迎え、成人男子としての強さを示すことが期待されだす時期に差し掛かっている。そして7歳と言えば「男女7歳にして席を同じくせず」という言葉もあり、幼児から一人前の男子候補である少年へという準備を始める年齢だ。男たるもの、なんていう表現は今の時代にはそぐわないかもしれないが、「パパと息子」という関係から、「男と男」の関係に変わった3週間だったように思う。

愛とは、お互いを見つめ合うことではなく、
ともに同じ方向を見つめることである――

（サン＝テグジュペリ）

この言葉は、まだ飛行機に乗ること自体が危険な冒険だった時代に、郵便輸送のために、ヨーロッパと南米の間の航路開拓に命を賭けたパイロット、サン＝テグジュペリの名言だ。小説『星の王子さま』の作者と言った方が、分かりやすいかもしれない。3週間の旅の間、私の頭の中には何度も彼のこの言葉が浮かんできた。

22日間、7000㎞にわたる長い長いドライブの間、スマートフォンにもさすがに飽きてしまった息子たちは、代わる代わる助手席にやってきた。旅の一行で唯一の運転手であった私は、終始前を向いて運転しているので、もちろん横にいる息子たちに目を向けることはできない。車のフロントガラスには刻一刻と移り変わっていくアメリカの大自然が映し出される中、私と息子たちは横に並び、同

じ方向を向き、同じものを眺めながら、いろんな話をした。なにしろ、時間はたっぷりあった。

男同士が向き合って話し対峙《たいじ》するのは、敵か、もしくは敵とも味方ともまだ分からない交渉相手だけでいい。これは小学生男子だって同じだ。対等な男同士は、向き合って話さない。大事なことは、並んで話すものだ。そして、対等な男同士の最高の意思疎通に、それほど多くの言葉は要らない。

男3人、3週間のアメリカキャンピング旅。私が現地での出来事をネットで発信しながら旅したこともあり、この旅には大変な反響があった。「男のロマンだ」「父親だからこそ」「最高の教育」そんな言葉が目立ち、息子の友人のお母さんから、「うちの旦那にも見習わせてくださいよ〜」と冗談まじりで言われたこともあった。

ただ、一つハッキリさせておきたいことがある。あの旅は、息子たちのために行ったわけではない、ということだ。むしろ私自身のために行った旅であり、息

子たちを連れて行ってあげたのではなく、付いてきてもらったという方が正しい。子どもに良い経験をさせてあげたいと心底考えている親は少なくないが、私の場合は、自分が3週間も気ままな旅をするためのアリバイ作りの面があったことをここに白状しておこう。

少しだけ、私のこれまでの人生を振り返ってみたい。私の青春は、インターネットの中にあった。高校時代にはじめてパソコン（Macintosh Color Classic）を買ってもらい、それからはパソコンとインターネットの世界に夢中だった。深夜であれば安くネットに接続できるという理由で、毎晩23時から朝の8時まで、向こうの世界にどっぷりだった。そんな生活をしているので、勉学はおろか、リアルの世界との繋がりはどんどん疎かになっていった。結局、大学を一年留年して就職をしたのだけれど、ほとんど外の世界のことを知る機会のないまま大人になってしまった。社会人になってからは、出張で日本全国や海外、色々なところに行かせてもらったが、仕事で行く旅は、当たり前だが仕事に集中しなければいけない。外の風景を楽しんだり、ちょっと気になる店を見つけて入ってみたり、なんて旅を楽しむ余裕はほとんどなかった。

そんな私にとって、息子たちとキャンピングカーでアメリカを巡ったあの旅は、もう一つの青春を取り戻すような意味のある旅でもあったのだ。知らない土地を旅しながら、これまで見聞きしてきた知識が、生の経験と繋がり、一つ一つの「点」が線となり、夜空に星座を描くように、そこに生きる人たちの生活のリアリティを頭の中に描き出されていった。

3週間の旅の中で、私は息子たちの成長を実感せずにはいられなかった。特に印象的だったのは、冒頭に書いたネバダの砂漠の場面だ。何もない荒野の中、映画撮影ごっこをやろうぜ！　と助手席の長男と盛り上がり、彼は砂漠の荒野を走り去るキャンピングカーを撮影するために、クルマを降りてカメラマン役をやってくれた。撮影を終えた長男が、はるか遠くから一本道を歩いてくる姿を見ながら、（あぁ、コイツはもうすぐ、俺の前を通り過ぎ、自分の道を歩いていくのだな）と深く心に感じた瞬間だった。

言い換えれば、「父親」としての役目について、終わりの始まりを悟ったのである。

これまでも、これからも、彼の人生は他の誰でもない、彼のものだ。しかしこれまでは、目をかけ、困っている姿を見つければ親として手を貸してあげていたような場面でも、これからは彼自身が乗り越えていかなければいけない。ここから先は、彼だけの道なのだ。たとえ家族であっても、息子の道を代わりに決めてあげることはできないし、代わりに歩いてあげることもできない。彼が選んだ道に干渉することも私はしない。どんな道を選ぼうが、必ず応援しようと言うほど、お人よしではない。ただし、干渉したり、邪魔したりすることだけはないことは約束しよう。

これが、父から息子への余計なお節介にならないとは確信が持てないが、自分の父親としての役割が、折り返し地点を迎えた中間報告のようなものとして、私がこれまで生きてきた中で学んだこと、気づいたこと、大切にしてきたことを、息子たちのために残しておきたいと思った。これから先の長い人生、必ず辛《つら》い局面はやってくる。うまくいかないこと、悔しいこと、自分の力ではどうしようもないことは必ず起こるし、どちらに進めばいいか考えても考えても答えがでない日もあるだろう。そんな時に彼の人生を少しだけスムーズに進められるように、10年後、20年後の息子へ向けた人生の先輩からの「お小言」を残しておきたいと考え、一冊の本にまとめることにした。

個人的なエピソードも満載な我が息子へ宛てたメッセージを、あえて本という形で残したのは、私が死んだあとでも、彼に手に取ってもらいたいと考えたからだ。また、彼と同じようにこれから自分の人生を歩んで行く若者たちにも、道に迷ったときの地図や羅針盤として役立ててほしいという気持ちもある。これまでビジネスの指南書としての書籍は何冊か書いてきたけれど、本書は「人生の生き方」そのものを記したつもりだ。つまり私の「人生の歩き方」、いや「人生の走り方」である。正直、この本はただ売るためには書いていない。私が死んだ後に、彼が読み直してくれるかどうかに、この本を書いたもっとも重要な動機が存在している。

第1章は、「自分の人生に乗れ」と題し、自分らしい人生を楽しんで生きていくための考え方を中心に記した。ビジネスやキャリア構築の前にまず、人間として大切な「軸」にあたる部分である。世の中には、いつまでたっても自分を探している夢見る大人が多いものだ。アイルランドの作家、バーナード・ショーは「人生とは自分を見つけることではない。人生とは自分を創ることである」と語っている。いつまでも自分を探してムダな時間を費やすのはやめて、さっさと自分の人生を歩こう。

第2章のテーマは「なぜ君は学ぶのか」。学びというものは、学校に通っている間に完結するものでもなければ、机にかじりついてやるお勉強だけでもない。世界は、学びにあふれている。学ぶことをやめてしまえば、20代であろうが、頭の中は老人のようにカチカチに固くなってしまうので気をつけてほしい。

第3章では家族をテーマにした。人に言わせると、私の家族論は少々独特らしい。私は家族の誰をも大切に思っているが、それぞれを自分とは違う他人だと切り離して考えてもいる。私は我が子たちにとって良い父親であったという自信は全くないが、父親として自分がやるべきことは、悔いのないようにやってきたつもりだし、そのことと、3人の子どもたちがこれまでのところは健やかに育ってくれたことに誇りを持っている。

第4章は、「生きた証明となる仕事をしろ」と題し、仕事をしていく上での私なりの美学を記した。これまで何万人ものビジネスパーソンと出会ってきたが、「かっこいい」仕事をしている人は少ない。これは職種の話ではない。その人が生きた証明となるような仕事ができるか、誰の記録にも記憶にも残らない仕事しかできないのか。息子たちにはもちろん前者であってほしい。

第5章は「男であることを全《まっと》うする」。男女平等がスタンダードとされる令和の時代に、似つかわしくないむさくるしいテーマだが、父親だからこそ語れることもきっとある。男にとってもっとも大事なものはなんだろうか。時代の空気を読まずに本音を言えば、それは「自己犠牲」である、と私は考える。女性からモテる男性も、部下から慕われるリーダーも、自己犠牲の精神なしにはあり得ない、といってもいい。もっと分かりやすく言えば、ケチな男は嫌われる、のだ。

本書に記したのは、あくまで私、田端信太郎のこれまでの47年間の「生き方」と「考え方」の提示である。すべてをこの通りにする必要は全くないし、「良いこと言ってるじゃないか」と思った部分だけを、つまみ食いしてくれればそれで十分だ。本当に大切なのはここに書かれたハウツーでもウンチクでもなく、今、本書を読んでいるあなたたちが、この本を置いたあとに、何を選択し、どう行動するかだけである。

また私と同じように、子どもを持つ親たちにも、「どう子どもを育てるか」の参考例の一つとして読んでもらえれば、と思う。人生に正解はないように、子育てにも正解はない。私の子育てに関する言葉に眉をひそめる人もいるかもしれない。むしろ息子や妻からも「また、余計なことをゴチャゴチャと言っているな」くらいに思われるかもしれない。しかし、だからこそ、他人であるはずの読者諸君が、親として、父として、この本を通じて、子育てという正解のない営みに対して、私と何かを共感し、同志と思ってくれるなら、これほど嬉しいことはない。

私たちの息子たち娘たちがこれから大きな選択をする時、大きな壁にぶつかった時、自分の決断に対する後押しが欲しかった時、そして、同年代の皆さんが親としての自分に迷いを感じた時、本書を読み、こんな考え方もあるのか!? と、少しぐらいの気晴らしにしてもらえたら、著者冥利に尽きる。

さあ、このまま続きを読むか、ここで一度本を置いて、世界を見に出かけるか、それもあなたの自由である。

人生は短く、世界は広い。

さぁ、さっさと決めて歩き出そう——。

3週間の旅を終え日本に帰国する空港にて

第1章

自分の人生に乗れ

人生でもっとも大切な「自分軸」の作り方

君は「やる側」か、「やらない側」か

これは親である田端信太郎から子どもたちへの手紙であり、人生の先輩からの教訓である。

そう「はじめに」で書いたが、その上でまずこれだけは言っておきたい。

私は君たちに立派な人間になってほしいなんて、1ミリも思っていない。

なぜならば、立派かどうかは、他人が決めることだからだ！

高い学歴、有名企業の幹部のような社会的地位、余りあるほどの資産、人が羨む家庭。そんなものを手にしてほしいなどという気持ちはほとんど持っていない。そんなものは、あくまで君の人生にとって、ハードウェアでしかない。「上司から評価されるにはどうしたらいいか」「お金を増やすにはどうしたらいいか」そんな人生の基盤を固めるためのノウハウは、これまでに私が出した書籍で習得すればいい。

ただ一つ、この本を通じて、私が君たちに伝えたいと望むことは、

「とにかく『自分の人生』を生きる人間になってほしい。

そして、自分の人生を生きるために、『自分探し』ではなく、さまざまな『世界』を見てほしい」

というメッセージだ。


「自分の人生を生きろ」と言われても、何のためにどう生きればいいかなんて、よく分からないだろう。「何のための人生か」なんて、きっと、死ぬまで分からないだろう。

それは僕も同じだ。

ただし、仮置きの答えとして、僕は人生とは「**やりたいことをやり、叶えたい夢を叶えるためのものだ**」と、思っている。別に大それた夢でなくても良い。でも、**死ぬまでに叶えたい、自分ならではの夢の ToDo リストもなく、ただ現状の生活を維持することばかり考えて生きるのだとしたら、そんな人生は死んだも同然だろう。**

私は君たちには、そんな人生は送ってほしくない。

会社の愚痴を言うのに、その現状を変えようともしない人。
最低限の仕事だけして、定年まで会社でしがみつく未来しか見ない人。

生きる意味について思考停止してしまった人は、「自分の人生を生きた」という充実感の中で死ぬことは決してないだろう。なぜならその人たちは「やらない側」にいるからだ。つまり自分で自分の人生を選び取ることをやらなかった側である。

長い人生の中で、年を重ねるごとに「挑戦」や「情熱」みたいな青臭い気概が少しずつ薄れ、死というゴールに向かって、淡々とフェードアウトしていく気持ちも分かる。夢のToDoリストを作るのではなく、毎日のルーティーンを永遠と続けることに、人生の意味を置くのもまた一つの生き方であると思う。それも含めて、個人の自由だ。

しかしそんな人生、楽しいのか？

私は、自分で選び取らない人生を、楽しめるほどお人好しではない。自分で選び、決定することが、この世を生きる喜びであり面白さなのだと私は思う。

どんな職業でも、どんな趣味でも、どんな稼ぎでも私にとってはどうでもいいことだ。

ただ君が、自分の人生に向かって、「やる側」の人間に育っているかどうか。

私の子育ての答え合わせはそこにあるのだ。

99％の「やりたい」ではなく、1％の「やる」が夢を叶える

私は、君たちと、キャンピングカーでアメリカを旅して回るのが夢だった。

そして、2022年に、その夢は叶った。（そのことがきっかけになり、この本を出すことになった）

君にも、同じように「いつかやってみたい」――と思っている夢があるかもしれない。

世の中には、お金が手に入ったら、自由な時間が持てたら、家族が許してくれたら……と、夢を夢のまま持ち続けている大人が、たくさんいる。でも、残念ながら、「いつかやりたい」と願っているだけの人間には、夢が現実になる日はやってこない。


人間が夢を叶えようと思う時、お金、時間、仕事の都合、体力など、いろんな都合が現実に立ちはだかる。断言しよう。それらすべての心配事に100％完璧な青信号が灯るような状態なんて絶対に、やってこない。

若い君にとって目先でのハードルになっているのはお金の問題だろうか。でも、もっと歳をとり、お金を稼げるようになったら、今度は、時間がなくなるだろう。そして、さらに老人になり、お金と時間に余裕ができても、次は体力と健康がなくなるだろう。

君が、自分の夢を叶えていく人生を送りたいなら、覚えておいてほしいことがある。夢を実行に移すGOサインは、自分で判断し、自分で出すしかないということを。

君たちとの3週間にわたるキャンピングカーの旅行は現地から旅行記をネットで公開したこともあり、たくさんの反響をもらった。

「なんて素敵な旅行!」「僕も、子どもが大きくなったらやってみたい!」数々の熱い感想をもらったが、私の直感では、そのように願う人が100人いて実際に行動を起こすのは1人がいいところだろう。

残りの99%の人は、「やりたい!」と思いながら、「自分には無理だ」と結局のところ何も行動せずに終わるのだ。そして、いつか、そんな希望を持っていたこと自体も忘れる。

『「週4時間」だけ働く。』（青志社）という本がある。この本の中に、すごく良い指摘が書いてある。

「死ぬまでにやってみたい夢、たとえばユーラシア大陸を中国からヨーロッパまでバイクで横断したい、熱気球で砂漠を飛んでみたいとか、そういった凡人の夢は、実はせいぜい数十万円から数百万円あれば実現できる。だったら、なぜ、今すぐにさっさとやらないのか」

著者のティモシー・フェリスに言わせると、たいていの夢は数十万円から2―300万円程度で叶うのだそうだ。君たちとのキャンピングカー旅にかかった費用も、まさにそれくらいの費用感だった。レンタカー代やガソリン代、3人分の航空券、その他もろもろ締めて320万円！

アメリカ旅行にかかった費用（父・息子2人／22日間）

□ レンタカー代　1万ドル　135万円（25フィート：スタンダードクラスのRV。

クルーズアメリカの車両を18日間借り、入れる保険のオプションは全部入りのモリモリ。距離料金も含む）

□ガソリン代　4000ドル　55万円

□航空券　70万円（JAL　成田～NY、LA～成田のオープンジョー3人分。NY-LAの国内線JetBlueも含め）

□ホテルとRVパークの宿泊費20万円（NYでの3泊分、約1000ドル含む）

□食費とミュージアムの入場料等などのアクティビティ代金で約20万円

□PCR検査料で10万円（事情があり2回受けた。今後なくなる）

□土産物代　10万円（ライトセーバー5本含む）

PCR検査代はもはやいらないし、土産物を買わず、NYに寄らず、西海岸中心に回り、ガソリンがもう少し安くなれば200万円くらいに収まると思う。田端家5名（父、母、息子2人、娘）でハワイなんかに行くと、なんやかんや200万円くらいかかってしまうので、後に残った思い出を考えると、むしろ激安なくらいだ。

300万円と聞くと今の君には巨額に聞こえるかもしれないが、決して無謀な金額ではない。もちろん決して安くはないが、普通の人でも借金できる額だし、今ならクラウドファンディングで集めるという方法もある。何よりも、夢を叶えるためには、必要な金額を具体的な情報とセットで知ることが常に実現に向けた第一歩だ。夢の値段を知ることで、漠然としていた夢が、一気にリアリティを帯びてくる。

でも、ほとんどの人はそこまでいかずに、憧れで終わってしまう。ちょっと調べれば分かることも、なぜか調べない。5万円でできることも、50万円でできることも、500万円かかることも、「でも、お高いんでしょう?」。自分には無理だな」と調べる前に諦めてしまっている。そして「いつか……」とボンヤリ夢を抱いたまま、夢を叶えている人をみて羨んだり、妬んだりしている人のなんと多いことだろう。

いつの時代だって、やる奴はやるのよ、やらない奴はやらない

これは、ミュージシャン矢沢永吉の言葉だが、本当にその通りだと思う。父として、君には夢を叶える側の「やる奴」でいてほしいと願っている。

「今」をつかめない人は永遠と「今」を生きることができない

世界では戦争が起きることもあれば、地震やコロナのように地球全体を巻き込むような大災害も起こり得る。個人の人生においても、ある日突然病気になったり、事業に失敗して一文無しになってしまったりすることも決して珍しいことではない。

「チャンスの女神に後ろ髪はないんです！　やるか、やらないかです！」そんなことを職場でも日ごろから豪語していた私だったが、その意味を心から理解したのはつい最近かもしれない。コロナ禍で世界中が混乱している中、長く一緒に仕事をしていた友人が他界した。「また今度、一緒に面白い仕事をしよう」――交わしたはずの約束が空虚に散った。

だからこそキャンピングカーの旅も、あの時、あのタイミングでやってみて、本当によかったと私は思う。もともとは数年前から思い描いていたものだったが、受験だ、仕事だと後回しにしているうちに、２０２０年、新型コロナウイルスによるパンデミックが発生した。世界の国境は閉ざされ、あっという間に3年近い月日が流れた。

気づけば少年だった君は、身長もグンと伸び、声変わりし、すっかり成長していた。中学生になってからは、自分の意志で家を出て寮生活の中学を選んだこともあり、父としては、良い意味でますます距離を感じるようになった。

ものすごいスピードで外の世界に羽ばたいていこうとする君の姿を見ながら、父は感じたのだ。「やるなら今しかない！」と。

何度でも言おう。「やりたい」と思うのであれば、今やろう。ＧＯサインは自分で自分に出すしかない。

成功者の99%は正しい時に正しい場所にいる

君のヒーローでもあるスティーブ・ジョブズをはじめ、世の中には「成功者」と言われる人がいる。成功するために必要なのは、運か、才能か、努力か。もちろん全部大事だけれど、私は結局のところもっとも重要なものは「運」だと思っている。

松下電器／パナソニックを一代で作った松下幸之助は、面接で必ず「君は運がいい方だと思うか？」と聞いていたそうだ。「自分は運が良い」と確信していれば、どんなことも受け入れて立ち向かう勇気と力が生まれてくる。人から見ると決して恵まれない境遇に生まれた人でも、「生きてるだけで儲けもの！」と思えるくらいに前向きな考えができる人を採用したいと思っていたのだろう。

世の中には、運のいい人と運が悪い人がいる。真面目で頭も良くて性格もいい、それなのになぜかずっとくすぶっている人。特に目立つ才能があるわけでもなくニコニコしているだけなのに、なぜかうまくいく人。世の中には、努力や才能だけでは説明できないことばかりだ。たとえば、勉強が苦手で頭が悪い人であっても、運が良ければ成功できる。頭が悪いのであれば、頭が良い人を仲間に引き入れればいいだけだ。でも、「運」だけは他人の力を借りることができない。

私はいわゆる「成功者」と言われるような、大きなことを成し遂げてきた人と一緒に仕事をする機会に恵まれることが多かったのだが、彼らは皆、もれなく強運の持ち主だった。本人たちにも「自分は運がいい」という自覚があるからか、他の人が躊躇するような場面でも、ひるまず進んでいった。自信を持っているから運がいいのか、運がいいから自信があるのかは分からないが、とにかく運がいいことと、もっと言うと「自分は運がいい」と思い込めることは、自分らしく人生を生きて、楽しむ上で、とても重要な才能なのだ。

シリコンバレーには、〈Right time, right place.〉という言葉がある。これは日本語に直訳すると「適切なタイミングに、適切な場所にいる」ということ。仕事でもスポーツでもプライベートでも、人生の真髄はこの言葉で表されている、といってもいい。**成**

功の99%は、正しい時に、正しい場所にいることでもたらされるのだ。

そういえば君とはハワイで二人でボディーボードを楽しんだことがあった。

ワイキキからビーチパークまでレンタカーで1時間。波乗りが大好きな私にとって色褪《あ》せない思い出の一つだ。ところで、〝本当にすごいサーファー〟の条件とは何だと思う？　それは「いい波が立つ時に、ビーチにいる」こと。これがほぼ全てだ。パドリング（ボードの上に腹ばいになって、手で水をかく動き）のスピードや、波乗りのテクニック以前に、いい波が立つビーチにいなければ話にならない。波のないビーチにいたら、どんな伝説のサーファーもただの人なのである。

そしてもう一つ。**幸運に恵まれて、いい波が来た時にビビらずに、波に乗ろうとする勇気も必要だ。**運よくその場にいても、せっかくの波に乗らなければ意味がない。すごい大波が来れば、「巻かれたらどうしよう」という恐怖心は、いつも付きまとう。その瞬間に、「失敗してもいいからいくぞ！」と一歩を踏み出せるかどうか、ほんのわずかの勇気の大きな違いだ。

これはもちろんサーフィンだけに限った話じゃない。学校で先生が「この問題分かる人？」と言った時に真っ先に手を挙げられるか、会社で上司から「お前このプロジェクトやってみないか？」と言われた時に「やります」と即答できるか。できるか、できないかは問題でない。**人生の本当の分かれ道は、やるか、やらないかだ。失敗したらどうしよう？　という恐怖心や羞恥心は、好奇心で打ち砕けばいい。**

君が、小学校2年生のころの話だ。君は、『かいけつゾロリの大金もち（偽札づくりの巻）』という本の真似をして偽札を作ろうとしていたことがあった。お年玉もお小遣いも使ってしまったのに、ドラクエのカードゲームが欲しかった君は、本に書かれているように、「お札って、作ってもいいの？」と私に聞いてきた。

もちろん偽札を作るのは犯罪なので、「お巡りさんに逮捕されるよ」と注意したが、代わりに私はこう提案してみた。「そこにある君の絵と工作を、１０００円で買ってくれる人がいたら、それは君が１０００円札を作ったのと同じことになるよ」と。

その時の君の表情を父である私は、忘れもしない。君は、目を輝かせて「そんなことしても、いいの？」と聞き直した。「もちろん、要らない人に無理に押し売りするのは

田端@テントサウナ付キャンピングカー売ります
@tabbata

小遣いがない中で、どう百円を得てドラクエのカードゲームをやるか？ 小1長男は「かいけつゾロリ」にヒントを得て偽札作りを思い立つが、それは逮捕されるぞ！と注意。その代わり、自分が描いた絵や工作を人が買うならそれは偽札作りと同じでは？とのヒントにまんまと乗っかる。彼は営業の旅に出た。

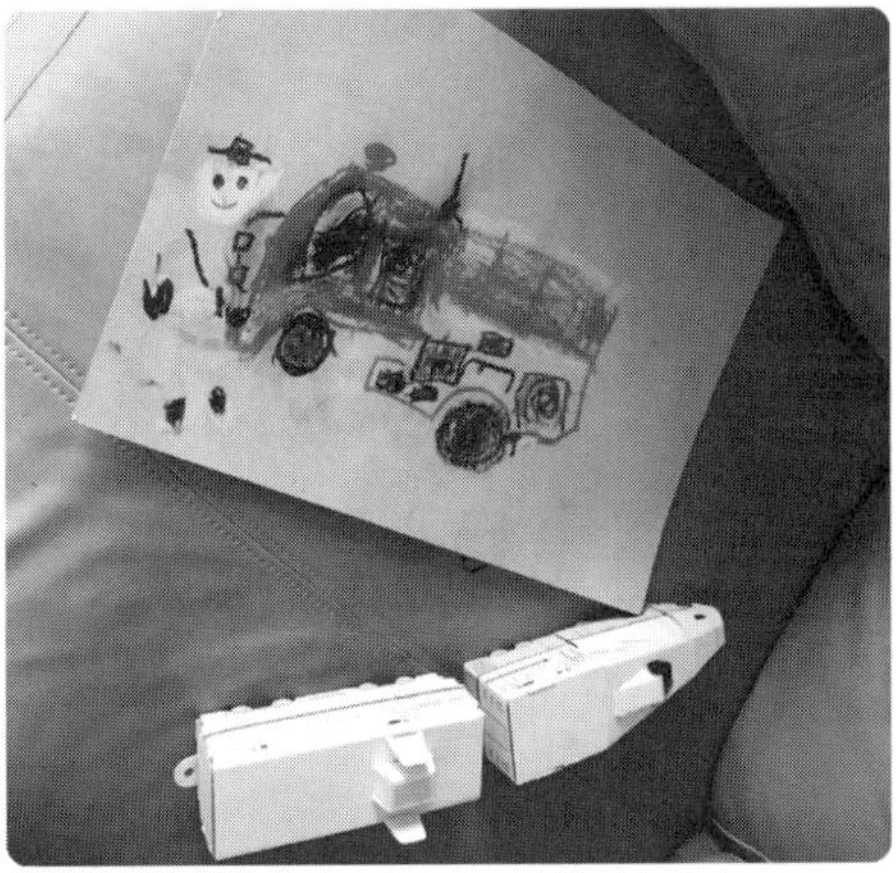

午前8:55・2016年11月3日

ダメだけど、声をかけて、興味を持ってくれる人がいたら、値段も自分で決めて、その値段で相手が納得して買ってくれるなら、何の問題もない！」と私が言うと、君はどうしようか迷っていた。ちょうど土曜日だったこともあり、「家の近くのショッピングモールに行って、買ってくれる人を探してみなよ！　どうせ、暇だろう？」とけしかけると、君は自分の絵を抱えて家を出て、営業の旅に出て行ったんだ。

結局、売ることも、人に声をかけることもできずにベンチにガックリとうなだれて座っていた君の姿は今も鮮明に覚えている（笑）。君にとっては苦い思い出かもしれないけど、私は君が絵と工作を抱えて家を出ていったあの瞬間、とても誇らしい気持ちだった。やったことがないこと、これまで考えもしなかったアイデアを提案されて、「いっちょやってみるか！」と最初の一歩を踏み出してくれたことが、本当に嬉しかったのだ。安心していい。君は、一歩踏み出せる勇気を持っている。小さな身体でふりしぼった勇気の記憶を、これからも忘れないでほしい。

人生を左右する「運」が生まれるメカニズム

君はこれからの人生で、分かれ道のような場面に出くわすだろう。どんな学校に進学するか、誰と結婚するか、どの会社に就職するか、起業するか。人生には大きな節目となる決断のタイミングが訪れる。ここで選択を間違えるとその後の人生が、大きく影響されるので、じっくり考えて慎重に選択すべきだ！　とよく言われている。私はこの考え方には否定的だ。もちろん、進学先も就職先も結婚相手も、大切な決断ではあるが、そういう**「大きな選択」だけが人生を左右しているわけではない**、というのが私の考えだからだ。**毎日の小さな選択の積み重ねの結果として今があり、大きな未来が作られていると思うからだ。**

人生とは偶然と決断の連続だ。今日のお昼は何を食べようか、週末の映画は何を見ようか？　私たちは一秒ごとに選択を迫られ、（ほぼ無意識に）決断を繰り返している。たとえばＳＮＳで見かけたニュース記事のリンクをタップするかどうか、そんな些《さ》細《さい》なことでも人生は変わってくる。

偶然と決断の連続である人生を乗りこなし、運をつかむために、私から君へ2つアドバイスをしよう。この2つを意識するだけで、君の運気はきっと上がるはずだ。

①被害者意識を持つな

人生にはちっとも楽しくない状況に陥ってしまう時もままある。そんなときに、社会が悪い、上司が悪い、親が悪いと、自分がうまくいかないのは他の誰かのせいだとする態度は、卑屈で、卑怯だ。被害者意識が強い人は、自分で思っている以上に、人相に出ている。周囲の人に与える印象は、ハッキリ言って最悪だ。私はこれまで1000人以上の採用面接をしてきたけども、被害者意識を匂わせている人は絶対に採らないようにしていた。何より、被害者意識を持っている人間は、そのことで、ますます自分を不幸にしてしまうという悪循環に陥る。被害者意識を持っていることで、自分自身がその被害を受けているということに気づいていない。被害者意識を持つ、最大の被害者はその人本人だ。

②自分がコントロールできることに集中せよ

生きていると、自分ではどうしようもない災難や失敗に直面することがある。災害に巻き込まれたり、入社した会社の上司がすごく嫌な奴だったりもする。そんな時に君がどう頑張ったところで災害が起こらなくなるわけでも、上司の性格が突然良くなったりもしない。それらは君がコントロールしようのない問題だ。しんどいピンチこそ、〈Focus on what you can control.（＝自分がコントロールできることに集中せよ）〉の精神で、自分にできることだけに集中すべきだろう。

「運も実力のうち」という言葉があるが、大人になるほどに、この言葉の含蓄の深さが肌身に染みてくる。**「運も実力のうち」なのだから、自分が成功している時、うまくいっている時でも、それは偶然の幸運に支えられているだけだと思う「謙虚さ」を忘れずにいられる。**一方で、時流に乗って、運よく成功しているだけのように見える他人の栄華にも、そこに何か努力による必然、つまり実力があったのではないか、と他人の成功を讃《たた》えて、そこから学ぼうとする「素直さ」も持ち続けていられる。

好奇心とは脳みその食欲である

ところで、当然のことながら私は君よりも先に老い、死んでいくわけだが、私の老いていく姿をよく見て覚えておくといい。**人間の「老い」には二種類ある。身体の老いと頭の老いだ。**もちろん年齢を重ねるにしたがって体力は落ちる。ただ決定的な身体の老いがやってくるのは、食事がとれなくなった時だ。食欲がなくなった時、人は衰え、間も無く死ぬ。食欲とは生きたいと言う生存欲求の根源だ。

では脳みそ・心にとっての食欲とはなんだろう？　それは「好奇心」である。好奇心を失くした人間は、たとえ年齢が若くても、頭の中は老人そのものだ。好奇心を失くした人間の心は、すでに死んでしまっていると言ってもいい。

逆に何歳になっても好奇心を持ち続けている老人たちは恐ろしく元気だ。型にハマらず、新しいものを厭《いと》わない。実年齢は80歳でも、彼らの頭の中は好奇心旺盛な6歳児の少年のようだ。新しいことをやれば、もちろん失敗することもあるだろうが、「何で失敗したのかな？　あっちの道だとどうかな？」とまた好奇心に従ってグングン進み、失敗したことなんてすぐに忘れている。

人生は決断の連続だという話を先ほどしたが、**もしAという道を行くか、Bという道を行くか迷った時には、自分が「面白そうだ」と思える方を選べばいい。つまり、好奇心の湧く方を選べばいい。**安定とか周囲の理解とかそんなものは無視していい。自分の好奇心に素直に従ってみてほしい。日常の些細な決断でもそうだ。いつもと同じ定食屋に行くか、その隣にできた新しいカフェに入ってみるか。友人に勧められた本を買って読んでみるか、何もしないか。毎分、毎秒、君の好奇心は試されている。

君たちと行ったキャンピングカー旅の日々は、好奇心の大食漢である、私の脳味噌にとっては、お菓子の城に住んでいるかのような、ボーナスタイムの日々だった。

そして、たとえば、行きのフライトで君が『余命10年』という恋愛映画をオススメしてくれた時に、私は少しの好奇心からそれを見てみたが、そのことで、新しい世界を、君の成長を実感することができて、とても嬉しかった。まさか、長男から勧められた恋愛映画で感動する日が来るとは！

好奇心はいつだって、人生のガソリンだ。君たちには、いつもガソリン満タンな人生を送って欲しい。

行動力を加速させる「欠落」があるか？

さて、キャンピングカーの旅に対して寄せられた感想の中には、同じ親世代の人々から「子どもたちにとって最高の経験になる」「最高の教育」といったコメントも多かった。しかし、私はそれらを読みながら首をひねった。あの旅が君たちの人生にとって本当に良いものになるかどうかは、今の時点での私には全く自信がない。

3人で並んで見たアメリカの大絶景は素晴らしかった。しかし、目の前に広がる景色が素晴らしければ素晴らしいほど「どうだ？　見たか？」という父親としての誇らしさと、この迷惑な経験のせいで、これから君たちの人生、旅先で見る風景が、色褪せた、つまらないものに思えてしまうのではないだろうか？　という不安が、五分五分に入り混じったのだ。**与えすぎることは、奪うことにもなり得る。**

Stay hungry, Stay foolish.（貪欲であれ、愚かであれ）——

という有名な言葉があるが、物も楽しさもあふれた東京の地で生まれ育ち、衣食住に困ることなく、家族みんなが健康に暮らす。そんな生活に慣れきった君は、何かに「飢える」ことはあるだろうか。「飢餓感」は、時に人生を動かす原動力になる。**渇きがある人間は、自らの好奇心を満たす源泉を求めて、動き出さずにはいられないのだ。**

私の場合は、本や雑誌、ラジオ……いわゆる「メディア」を通して得る情報への飢えが原動力だった。私の少年時代、つまり今から30～40年近く前になるわけだが、当時はスマホどころかインターネットもなかった。自分の知らない世界のことが書かれている本や雑誌に強烈に惹《ひ》かれていた私は、学校から帰ると1日に何時間も本屋で立ち読みをするかなり迷惑なガキだった。

夜は母から隠れるようにもぐりこんだ布団の中でラジオのチャンネルを合わせ、ノイズまじりの音楽やパーソナリティの笑い声を聴きながら眠りにつく日々だった。

ところで、私の出身地である石川県小松市は、人口10万人程度の小さな市だ。現代の東京が当たり前の基準になっている君には意味が分からないかもしれないが、田舎にはそもそも大きな書店が存在しない。小学生から散々立ち読みをさせてもらっておいて恩知らずも甚だしいが、高校生にもなると「街の小さな本屋さん」ではすっかり満足できなくなってしまった。

今のようにAmazonで注文すれば翌日届くわけでもなし。田舎の少年は、もっとたくさんの本や雑誌を求めて、県庁所在地である金沢市の大型書店まで通うようになった。小松市から金沢市までは30キロ強。自動車で40分ほどの距離だ。電車で往復すると電車代が千円ぐらいになるが、当時のお小遣いは月に3千円。これではあっという間にお金がなくなってお目当ての雑誌が買えなくなってしまうということで、高校生だった私は小松市から金沢市まで自転車で出かけることにした。大型トラックが隣をビュンビュンと通り抜ける国道を、16歳の私はママチャリにまたがってひた走っていた。3時間、いや4時間はかかっただろうか。お目当ての本屋の前にたどり着いたとき、体はヘトヘトだったが、気持ちはこれまでにないくらい晴れやかで満たされていた。

君に同じことをやれと言ったところで（言うつもりもないが）、嫌がるだろう。いま、もう一度やれ、と言われても47歳の私には、やる気が起きない。

さすがに、あの日の信太郎少年のような「渇望感」を今の私は持っていないからだ。君にはそんな飢餓感があるだろうか？。

人の行動力の源泉にはいつも「欠落」がある。

「仕事で実績を出したいのに、出せていない」

「尊敬されたいのに、人がついてこない」

「愛されたいけど、愛されない」

「欠落」とは現状と願望の差であり、この落差を感じた時に、人は自分で動くようになる。いつの時代も楽しみへの飢餓感、刺激への渇望は、行動力のガソリンとなるのだ。

世界を広げるツールを探せ

本や雑誌と同じくらい私が夢中になったのが、ラジオだった。ラジオはテレビや新聞よりも、パーソナリティとリスナーの距離が近い。テレビで見るような有名人がすごく身近な存在に感じられ、その人の本当の部分に触れているような気になれることが嬉しくて、毎晩聞き漁《あさ》っていた。

皆が憧れる有名人の、「お前らが知らない一面を俺は知っているぞ」という優越感に浸っていたこともある。母の目を盗み、夜中まで毎晩ラジオを聴いていたものだから、当時はとにかく寝不足だった。

布団の中、イヤホンで聞くラジオ。これこそが私の視界を広げ、想像を豊かにしてくれるアンテナであり、見えない世界へのトンネルだった。

とはいえ、私の少年時代はやはり小松にある。特にラジオは、東京の番組が地方まで送信されていないことも多かった。そこで、私は直接に東京や大阪のラジオ局の周波数にダイヤルを合わせた。運がよければノイズの後ろにかすかに音が聞こえてくることがあったので、砂金を探すような気持ちで、トランジスタラジオに耳を傾けていた。かと思いきや、お隣の国韓国の電波を拾ってしまい、突然ハングルが聞こえてくる、なんてこともあった。

実は、ラジオは夜の方がより遠くまで電波が届く。少し難しい話をするが、地球の上級100㎞〜300㎞のところには「電離層」と呼ばれる、電波を吸収したり、反射したりする層がある。この電離層には「D層」「E層」「F層」といった層に分かれており、一番地表から近いD層は、ラジオの電波を吸収してしまうのだ。ところが、D層は太陽の光が当たらない夜には消えてしまい、次のE層は、電波を反射してくれる性質を持つ。ボールがバウンドするように、ラジオの電波は地表と電離層で反射をし、夜の間だけ、より遠くまで届くようになるらしい。

東京から500㎞離れた小松市に住んでいた私は、この電離層の仕組みのおかげで深夜ラジオを東京のラジオ局から直接に聞いて、愉《たの》しむことができた。夜明けが近くなり、夜空が白んでくると同時に少しずつ電波が届かなくなり、ラジオから流れていた楽しいトークや、かっこいい最新の音楽も、夜明けと同時に泡沫のように消えてしまう――。あの儚《はかな》さと、その時に抱いた何とも言えない切ない気持ちは、今も私の心の中に、鮮明に覚えているし、きっとこれから先もずっと忘れないだろう。

こんな昔話をしたところで、きっとほとんどの人には共感されない。「変態かよ」と思う人もいるだろう。でも、私にとっては大切な人生の一コマなのだ。

原体験が生きる感度を上げる

ところで、先ほど紹介した「Stay hungry, Stay foolish.」という言葉。これは一般的にスティーブ・ジョブズの名言として知られている。しかし実は、彼がスタンフォード大学の卒業式で語るそのはるか前に、ホール・アース・カタログという雑誌の最終号の背表紙に載せられた言葉なのである。

そこには、「Stay hungry, Stay foolish.」という言葉とともに、アメリカの田舎道の写真が飾られている。ジョブズの言葉を借りれば、「冒険好きなタイプなら、ヒッチハイクの途上で一度は出会う、そんな田舎道の写真」だ。

きっと、この雑誌の編集者にとって、大切な記憶を呼び起こす風景なのだろう。この写真を見ていると、私の頭の中には、小松で散々通った小さな本屋がある並びや、自転車で疾走していたあの国道の景色、薄明りの中、布団の中でチャンネルを合わせていたラジオの形が浮かんでくる。目を閉じれば、雑誌をめくる感覚も、自転車の横を通り抜

Stay hungry. Stay foolish.

けていくトラックの排気ガスの匂いも、汗だくの体でがぶ飲みした麦茶の味も、ノイズまじりのパーソナリティの笑い声も、五感すべてがリアルに思い出される。

これらは、すべて私にとっての「原体験」だ。原体験とは、その人の生き方や考え方に大きな影響を与える体験のこと。自分の何が原体験になるのかは、時間がたってみないことには、親にも本人にも、分からない。

ただ、一つだけ言えるとすれば、**自分で手や足を動かし、五感でモノを感じた経験こそが原体験になり得るということだ。どれだけ本を読んで、ネットで調べて知識を集めたところで、そこで知識として知っただけのものは自分の感性を形作る原体験にはなり得ない。**

君にとって何が原体験になるのかは、大人になってみなければ分からないが、父である私から見て一つとても印象に残っている出来事がある。

君が小5のクリスマス。「パソコンを作りたい」と君に相談された私は、予算だけを渡して、その様子を見守っていた。秋葉原のパーツショップで店員さんに相談しながら部品を買い、自宅に戻り、YouTubeの解説動画を参考に組み立てていく。動画だと簡単そうに見えることも、いざ自分でやってみるとうまくいかず、四苦八苦していた。ようやく完成したかと思ったのに、今度は電源をつけてもうまく起動しない。部品を買ったショップに電話して、またやり直し……。それから半日くらいたっただろうか。「動いたぁああ！！！」という君の咆哮《ほうこう》とともに、ようやく自作PCが起動した。

この日の体験はきっと君の糧になると私は確信した。どうにも予算内に収まらずウンウンと唸った時間も、「自作PCを組みたい」と相談したら目を輝かせながら協力してくれた店員さんたちのありがたさも、部品のパーツがマザーボードにうまくハマらないときのイライラも、「こうしたらいけるんじゃない？」というひらめきも、電話をかけるときのドキドキも、ついにウィーンと起動した瞬間の高揚も、他の誰が代わることも、与えてあげることもできない。どれだけ言葉を尽くしても、誰かと共有することもできないだろう。

こうしたリアルの体験と感覚を積み重ねて、君の人生はより豊かに、よりカラフルに彩られていくだろう。

PC パーツ屋で部品を探す長男

第2章

なぜ君は学ぶのか

成長を止めない学び方

世界が色褪せて見えるのは、自分のメガネが曇っているから

「なんで勉強なんかしなくちゃいけないんだ」――。

君も一度や二度はそんなことを考えたことがあるだろう。私も子どものころはそうやって宿題をしたくないとふて腐れていた時期もある。

君には口酸っぱく何度も伝えてきたが、勉強とは自分のためにするものだ。間違っても親を喜ばせるためや、先生に怒られないためにするものではない。なので、君が勉強を放棄して悲惨な状態に陥ったとしても、それは君自身の問題でしかない。私は「勉強をしろ！」と強制するつもりは全くないが、これだけは言っておこう。**勉強をした方が人生は圧倒的に楽しくなる。疑問を抱き、知らないことを学び、できるようになり、そうやって身につけてきたものによって世界の見え方が変わる。もし今、君の日常が色褪せているならば、それは世界が悪いのではない。君のメガネが曇っているだけだ。**

勉強なんて興味がなかった私の意識を変えたのは、横山光輝先生のマンガ『三国志』だ。私はこの作品が子どものころから大好きなのだ。物語の主人公である劉備《りゅうび》は、義兄弟であり後の猛将・関羽《かんう》と張飛《ちょうひ》とともに義勇軍を結成し、平和のために立ち上がる。場当たり的な戦いを繰り返し、ライバルである曹操《そうそう》の勢いに押されていた劉備軍だったが、「軍師」との出会いにより戦況が一変する。劉備軍初の軍師は徐庶《じょしょ》。その采配で曹操軍の曹仁《そうじん》に大勝利を収めることとなり、劉備らに軍師の重要性を知らしめた。徐庶のあとに劉備軍の軍師となったのが、かの有名な諸葛亮孔明《しょかつりょうこうめい》だ。天才軍師という異名に相応しく、数々の合戦で見事な計略を巡らせ、劉備軍を勝利に導いた。それまでの力まかせの戦いから頭脳戦へ移り、物語としても面白味もさらに増し、私はますますのめり込んだ。

劉備には人徳もあったし、強い武将もそばにいた。しかし、戦いに関する知識や理論がなかったのだ。孔明のあまりにも鮮やかな采配のおかげで、オセロゲームのようにパタパタと戦局がひっくり返っていく様子を読みながら、幼い私は「頭がいい人が一人いるだけで、こんなに変わるのか」と驚き、ワクワクしたことを鮮明に覚えている。私自身は、楽しくて三国志を読んでいただけだったが、今振り返ってみると、あの時に、体系的な知識を持っていることがどれだけ重要な意味を持つのかを、無意識に理解したのだと思う。

ところで、君も聞いたことくらいはあるだろう「三顧《さんこ》の礼」という言葉は三国志から生まれている。劉備が孔明を迎え入れるにあたって、自《みずか》ら三度も出向いて会いに行ったというエピソードが元になっている。

「三顧の礼」
真心から礼儀を尽くして、すぐれた人材を招くこと。また、目上の人が、ある人物を信任して手厚く迎えること。
（三省堂 新明解四字熟語辞典）

それほど、劉備は軍の頭脳となってくれるような「軍師」を求めていた。もしも劉備が、「戦いのことは俺の方がよく分かっている！ 軍師なんて必要ない！」と、それまで通りのパワー勝負を続けていたらどうなっていただろうか。きっと私たちの知る三国志の物語は生まれなかったことだろう。

学びを語る上で、何よりも必要なことは「自分には知識が足りていない。分からないことがある」という自覚だ。ソクラテスは「無知の知」と言ったが、私も大いに共感する。これは、自分に知識がないことを悟った人間は、それに気づいていない人間よりも賢い、という意味の言葉だ。あえて言葉を選ばずに言うが、**自分がバカだと気づけたら、そこがバカ脱出のスタート地点になるのだ。**自分がバカだと気づけない人ほど、うまくいかないことを環境のせいにしたり、見当違いの努力を続けたり、「俺をバカにするな！」と怒り、バカのまま時を過ごしている。

長く生きているから当然だが、私は君よりも勉強しているし、本も読んでいる。それでも世の中には分からないことであふれている。勉強すればするほど、分からないことが増えていくと言ってもいい。もし、今何か分からないことに頭を悩ませているのであれば、一つ賢くなった証拠だ。もし、「俺はもうすべてが分かった！」という充実感に満ちているのであれば、それは勘違いなので気をつけた方がいい。

大学は行く価値があるのか？　学歴とは何か

学ぶというのは、もちろん学校でのお勉強だけを指すわけではない。しかしこのテーマを語る上で「学歴」を無視することもできないだろう。義務教育を終え、高校や大学への進学を考える時に、思い出してほしい言葉がある。

学問にとっての大学は、恋愛にとっての売春宿と同じだ。
表面的には似ているだけなのに、バカなカモには、その違いが分からない。
“Academia is to knowledge what prostitution is to love; close enough on the surface but, to the nonsucker, not exactly the same thing”
— Nassim Nicholas Taleb

これは、作家であり投資家であり、研究者でもあるナシーム・ニコラス・タレブという哲学者の言葉だ。おそらくだが、世界中で（今現在生きている人のうち）トップ10に入るくらいものすごく頭がいい人だ。彼のすごいところは、思想や評論だけでなく、実際に投資で巨額の利益をも生み出しているところだ。

さて、そんな天才の率直な指摘を、君にどう説明しようか。大人でも理解するのは難しいかもしれない。

本質的に大事なことは、人の役に立ったり、自分が楽しくなるために勉強をし続けたり知識を得続けたりすることである。学校に行くということはそのための手段としては有効なものになり得る。昔は、専門書を一つ読むにしても大学の図書館でしか読めない資料も多かったし、偉い先生の話を聞くためには、大学の講義を受けるしかなかった。つまり、学ぶためにはそれなりの大学にまで進まなければ他に方法がなかったのだ。

ではインターネットを活用すれば、お金をほとんどかけずにいくらでも学ぶことができるこの時代にわざわざ学校に行って勉強するのはなぜか。突き詰めて考えると、**学**

校、特に大学は「勉強している気分」を売っていると言える。そして、本当に賢いかどうかは別にして、「この人は賢いということにしておこう」というラベルを売っているのだ。学歴とはそういうことだ。

たとえば、「東大卒」と聞くと、頭がいい人だと思われる。でもその人が、とりあえず東大にでも行っておくかとラベルを買っただけの人なのか、知的好奇心にあふれ学問の素晴らしさや教養を身につけることの楽しさから東大を選んだ人なのかは傍目《はため》には分からない。

前者の態度は、キャバクラに行ってモテている気分を買っているのに近い。タレブが指摘しているのはこういう人のことであり、残念なことに実際にはこちらの方が多数派だ。また、この構造はお坊さんに渡すお布施（葬式などの際に支払うお金）にも近いものがある。本来、お坊さんにお布施を渡すことと、その人が信心深いことは同じではない。先祖をありがたく思う気持ちが、お布施の額に比例するとは言えないはずだが、なんとなくそういうことにされてしまっている。

とはいえ私は大学進学に対しては全く否定的ではない。私自身も大学を卒業しているし、子どもたちが進学する時のための備えもしてある。しかし他に何か「どうしてもやりたいことがある！」というのであれば、わざわざ大学に行く必要はないだろう。

史上最年少14歳2カ月でプロになり、将棋界の数々の記録を塗り替えてきた藤井聡太棋士は、大学には進学しないどころか、卒業目前に高校を中退した。彼ほどの頭脳があれば東大だって余裕で合格できただろうが、大学に行かないことを「もったいない」とは思えない。将棋で生きていくという覚悟が明らかだからだ。他にも、本気でJリーグや、ミュージシャン、アイドルを目指し、中卒・高卒でその道にかける少年少女も珍しくはない。彼らの人生に大学は必要なかったのだろう。それでいい。将棋やスポーツに人並み外れた才能がなかったとしても、もし君が「どうしても起業して○○がやりたい！」というのであれば、私は君の大学進学のために蓄えていたお金を喜んで投資しよう。

しかし、「特にやりたいこともないけれど、なんか嫌」くらいのぬるい考えなのであれば、大人の知恵として大学に行くことを勧めるだろう。

大学に行くということは、「自分はこの道で生きていく」という決断を先送りにする猶予を得ることにもなる。私だってタレブの言葉を引用して偉そうなことを語ってはみたが、大学在学中はインターネットに没頭してばかりだったし、気を抜いて留年もしてしまった。学校によっては、期末のレポートさえ出しておけば単位はもらえて、2〜3年好き勝手にいろんなことをできる時間が生まれる場合もある。そんな余白というか人生の空白時間も、実はすごく大事なんじゃないかと私は思うのだ。それまで親や先生から、宿題しろだの、受験しろだのとせっつかれ、期待をかけられてきた若者たちにとって、ようやく「本当に自分のやりたいことって何だろう?」と自分自身と向き合う時間が持てるタイミングなのだ。

また、入学前や卒業後などに自分のやりたいことに時間を使うための「ギャップイヤー」も少しずつだが日本でも浸透してきている。留学をしたり、放浪の旅に出たり、ワーキングホリデーに参加したりと時間の使い方は自由だが、社会に出る前の猶予期間を推奨する空気が生まれているのはとても良いことだと思う。

特に日本は履歴書の空白を嫌う傾向が強い。これはつまり、学校にも行っておらず仕事もしていないような期間のことだ。在学中であれば、わざと単位を落として卒業を先延ばしにしたりすることもできるが、一度就職した後は、年単位で長い空白ができることのリスクが大きく、会社を辞めてもまたすぐに次の仕事を探さなくてはならない。そのように考えると、大学在学というれっきとした項目に守られた4年間（＋α）は、人生においてすごく貴重な時間なのである。

最近は論文を何本出したとか、補助金がどうのとか生産性ばかり気にするような大学が増えていたり、就職活動もどんどん早期化していたりする現実もある。それはそれで悪いことではないとは思うものの、社会に最適化しようとする小賢《こざか》しい若者や社会の評価ばかり気にしている大学の姿を見ると、中年のすれっからしおじさんとしてはモヤモヤするというのが正直な気持ちだ。

学校で学べること学べないこと

学校の勉強はときに、退屈でつまらなく感じる。たとえば歴史の教科書なんて、最高の人間ドラマの題材があるのに、よくもまぁこんなにつまらなく書けるものだと逆に感心するほどだ。とはいえ、学校で学ぶことそのものにももちろん意味がある。

一つは、体系的に物事を学ぶことができることだ。今はインターネットがあるので知識を得ること自体はすぐに誰にでもできる。しかし好きなことを好きなように学ぶあり方は、知識のつまみ食いのようになってしまい、理論立てて考えることができなかったり、見え方が偏ってしまったりするというネガティブな側面もある。統一された原理や原則を学ぶからこそ、物事を抽象化して考えたりするという頭の使い方もできるようになる。先に述べた三国志の孔明も、戦の原理原則、つまり「兵法」を体系的に学び理解していたからこそ、良い戦略が立てられたのだ。そういう意味で教科書があり先生がいて、筋道を立てて教えてもらえるという環境は大変にありがたい。

また、義務教育期間で学ぶことは、すべての基礎になる。大人になって愕然《がくぜん》としたが、中学校レベルの数学や英語ができない成人が日本にはあふれている。それどころか、小学校の国語ですら怪しい人も多い。基礎が身についていない人がその上から何かを学ぼうと思っても、まず身につかない。論理が理解できないし、そもそもテキストすら正確に読み解けないのだ。大人の世界では今、激変する社会環境に対応すべく「リスキリング（学び直し）」が積極的に叫ばれているが、学び直しができるのは、それ以前に学べたことがある人だけだ。

学校にはもう一つ面白い側面がある。**それは多様な人が集まることだ。**特に大学は面白い。性別、国籍、年齢を問わず色々な人がいる。金持ちのボンボンもいれば、苦学生もいる。道端で踊っているグループもあれば、謎の宗教を布教しようとする軍団もいる。スポーツマンもガリ勉も皆が同じ一つのキャンパスに集う。**こうした多様な人との出会いは、人間としての幅を広げてくれる。**私としては、学歴そのものは人生に必要ないと思うが、こうした場所で色々な人に出会う経験を18歳くらいの多感な時に持っておくことはすごく良いことだと思う。もちろん、代替手段はある。大学の代わりに世界放浪の旅に出るのもありだろう。まぁ、大学に行く方が簡単だとは思うが。

ところが、残念なことにこうした多様性がない学校もある。いわゆるエリートコースと呼ばれるような道がまさにそうだ。小さなころから名門の進学塾に通い、小中高一貫の私立校（それも、男子校や女子校）に入り、その後も超一流学校に進学するようなパターンだと、「わけ分からない奴」に出会うことがないまま大人になってしまうことも少なくない。一般的には憧れの勝ち組と言われるような生き方かもしれないが、**社会の上積みだけを見て生きていくのは実に危険だ。**

我が家は決してエリートでも超お金持ちでもないが、東京のど真ん中で、欲しいものがあればたいていはすぐに手が届く暮らしをしている。そんな中で育ってきた君の姿に、私は強烈な危機感を覚えたことがある。

君が小学校2年生のころだっただろうか。自宅の近くの公園に遊びに行った時のことだ。「トイレに行ってくる！」とその場を離れた君が、すぐに戻ってきた。トイレが汚くて大ができない、と言うのだ。いやいや、ちょっと待てよ、と私は焦った。少し古さは感じるが、トイレットペーパーまで設置されている普通の水洗トイレだ。こんな状況ですごすごと戻ってきた君の姿を見て、「こいつ、やばいな……こんなんでこの先大丈夫なのか……」とショックを受けた。

東京のタワーマンションに住んで、家の周りもピカピカのショッピングモールのような場所ばかりの中で生活していると、トイレというのは常にキレイでウォシュレットがあって、というのが当たり前になってしまうのか、と私は愕然としてしまったのだ。

この話には後日談がある。あれから5年後、アメリカのキャンピングカー旅行の途中、カリフォルニアの海沿いに強烈なトイレがあった。ただ地面に穴だけあけて、木の橋を渡しているような、トイレというよりも便所だな。あの公園での君の姿が一瞬頭をよぎったが、「アメリカまで来たんだし」と、君は鼻をつまみながら果敢に挑戦しに行った。これにより私の心配は5年越しにようやく払拭されたのだった。息子のトイレが嬉しいなんて、何年ぶりの感情だろうか。

まあ私だってトイレはキレイな方がいい。でも必要とあらば野糞するくらいのたくましさも人間には必要だ。**キレイなところしか知らないのではなく、両方知っている、**

両方できるからこそ振り幅が大きくなり、そこに人間としての深みや面白みが生まれるのだ。

大学の話から随分脱線してしまったが、つまり同じように自分と近しい属性の人とだけ付き合っていくのではなく、意識的に違うタイプの人と出会っていくことで、君の人生の振り子は大きく揺れるようになるということだ。大学というのは、それが自然とできる環境である。**振り子の幅が大きい人ほど、人間としての魅力も増していく。**

仕事とは関係ない場所で出会えるメンターこそ一生の師

学校に行かなくても学ぶことはできる。しかしどんな方法で学ぶにしてもメンターは必要だ。メンターとは「助言者」や「相談者」という意味を持ち、その人の悩みを聞いてくれたり、困った時にアドバイスをしてくれたりする存在の人のことを指す。要するに、師範のことだ。君の大好きな宇宙兄弟で言えば、ムッタにとってのヤンじいだ。最近は職場で先輩がメンターとして新入社員につくこともあるが、職場の上司やメンターは自分では選ぶことができないのが難点だ。

私は職場以外でも「この人から学びたい」「この人の話を聞いてみたい」と思うような人を見つけたら、コンタクトをとり、自分から会いに行く。私のメンターともそうやって出会った。

私のメンターは広瀬隆雄（通称：じっちゃま）さんという個人投資家だ。米国株を中心に、世界の経済・政治・投資に関する情報を発信している。本人曰《いわ》く「うっかり」らしいが、バブル期の流れの中でアメリカの金融界の奥の院まで入り込み、普通の日本人では見られないような場面をたくさん見てきた人だ。君が尊敬するスティーブ・ジョブズとも関わりがあったそうだぞ。ジョブズが亡くなった時に広瀬さんが出した記事に当時のことが書かれているから、一度読んでみるといい。

どん底時代のスティーブ・ジョブズの思い出

スティーブが来ると「じゃ、折角だからサンドイッチを買って、ブラウンバッグ・ランチにしよう」という事で株式営業部員は全員トレーディング・デスクを離れ、会議室でスティーブを囲みました。

僕の仕事はスティーブのサンドイッチを会社の斜向かいにあるサンドイッチ屋、「スペシャルティーズ」から買ってくることです。

「スティーブ、サンドイッチは何にしますか？　ターキーですか、ハムですか？」

「パンはホール・ウィートですか、ホワイト・ブレッドですか？」

僕がスティーブ・ジョブズと最初に口を利いたのは、そんなやりとりでした。スティーブを囲んだブラウンバッグ・ランチはいつも無礼講みたいな感じで活発なテクノロジー談義になり、スティーブのビジョン、さらに彼の美意識を知る上で大変貴重な経験になりました。

http://markethack.net/archives/51774163.html

さて、私はもともと広瀬さんのブログのファンだった。仕事で投資関連のブログメディアを立ち上げることになった時に、広瀬さんの記事をもっと世の中の人に読んでもらいたいと思い「ぜひ一緒にやりませんか?」とメールで熱いラブレターを送ってみた。返事は来なかった。そこで、二度三度とメールをした。するとようやく、「じゃあ、(広瀬さんが住んでいる)サンフランシスコまで来いや」と返事がもらえた。広瀬さんは、こいつはしつこいから無理難題をふっかけて諦めさせようと思ってそう言ったそうだが、私はすっかり真に受けて嬉々として翌週サンフランシスコに飛んだ。来いやと言った手前か、広瀬さんは本当に会ってくれた。レストランで男二人で食事をした後、私がサーフィンが好きだと言ったら、有名なビーチまでドライブに連れて行ってくれたのだ。そして念願叶い、私は広瀬さんと一緒に仕事をできることになった。

その後、私は転職をするなど環境の変化もあったが、それでも広瀬さんとの縁は今も続いている。彼の話はいつも面白く（面白すぎて投資のアドバイスとしては一般ウケはしないかもしれないが）、私は広瀬さんと話をするのが大好きだ。

また時に人生の先輩として思わぬ助言をくれることもある。広瀬さんとの出会いの後、二度転職をし、海外出張で日々飛び回る生活をしている時のことだった。そんな私を見て「お前、体は大丈夫か？」と広瀬さんが声をかけてくれた。ご自身も世界中を飛び回る生活をしていた時期があり、飛行機の中で目が覚めた時に、もはや今自分がどこにいるのか、昼なのか夜なのかも分からなくなってしまったというエピソードを教えてくれ、「このままでは昔の俺のようになりかねないぞ」と私の身を案じてくれたのだった。

メンターとは何も自分が困っている時や悩んでいる時にだけ頼る人のことではない。自分では困っていると思っていない時や、うまくいっていると思うような

時にもメンターと話すことで頭の中が整理されたり、自分では気づいていなかった落とし穴の存在を知ったり、客観的な視点から自分を振り返ることができる。

引き返せないくらい脱線した後や、心が折れてしまった後では取り返しがつかないのだ。そういう意味で、私の中で広瀬さんというメンターの存在はすごく大きい。

そういえば最近嬉しいことがあった。広瀬さんが久しぶりに日本に来て、私の事務所を訪れてくれた時のことだ。初めて奥さんにもお会いしたので、

「タカオ（広瀬さんの下の名前）は、私のメンターです」

と伝えたら、彼女から、

「タカオもあなたのことをメンターと言っているよ」

と教えられたのだ。

以前から広瀬さん自身がそのように公言してくれていることは知っていたが、奥さんの口から出た言葉にはより一層の真実味があり、お互いに良い影響を与えられる関係を築けていたのかと、グッとくるものがあった。もちろん私は、広瀬さんのことを指南しようとか導こうとか1ミリも考えたことはなかったが、私の話を面白がって聞いてくれていたのかと思うと、すごく誇らしく嬉しい気持ちになった。

自分とは全く違う世界の師匠にも会いに行け

私にとっての師匠をもう一人紹介しよう。滋賀県に住むカテキンさんだ。糧山金之助《かてやまきんのすけ》というペンネームで活動している投資家であり、経営者であり、他にも何やら色々な商売をやっている。特に中国株のエキスパートで、その界隈では超がつくほどの有名人だ。見た目はイカツイおじさんだが、ものすごく子煩悩で、息子や娘のために毎日お弁当を手作りするなど可愛い一面も持ち合わせている。とにかくめちゃくちゃ愉快な人だ。

カテキンさんも広瀬さん同様にブログをやっていて、私はそのブログ読者の一人だった。そして広瀬さんと同じように、この面白い人をもっと世の中に広めたいと、私から連絡をとったのが出会いのきっかけだ。当時テレビや新聞では偉い学者の先生やなんちゃら総研のエコノミストらが解説を披露していたが、普通の人には難しい上に、とにかく話がつまらなかった。広瀬さんやカテキンさんのような人に聞いたほうが、もっと面白くて、しかも儲かる話が聞けるんじゃないかと当時の私は考えていたのだ。

東京でセミナーを開催するというので、私もそのセミナーに参加することにした。日本橋の雑居ビルの中にある会議室に入ってみると、中には40代50代くらいの真面目そうな男女がずらり。退職金をどうやって運用するのが良いかを考えて話を聞きにきたのだという。一方、カテキンさんは典型的な関西のおっちゃんで、息を吐くようにダジャレを言い、品が良いとは言えないジョークを飛ばす。その日も、セミナーがはじまると同時に、韓国美女の写真をずらりと並べ、こう言い放った。

「皆さん、この中で整形している人はどの女性か分かりますか? 答えは全員です! 中国企業の決算書も同じですよ。韓国では美人が当たり前に整形しているように、中国株を買う際は、中国企業は数字をごまかしていると思ってください! その前提で投資しないとだめです!」

もちろんこれは渾身のジョークなのだが、会場でゲラゲラと笑っていたのは私だけ。隣のご婦人は「ほぉ〜」真面目な顔して、熱心にメモを取り出したのだ。カテキンさんとしてはセミナー前に一つ笑いでもとって場を温めようと思ったのに、シーンとした空気のまま真に受けられてしまい気まずい思いをしたそうだ。一人爆笑していた私は講師席から見ても目立っていたようで、その日の懇親会で「いや、田端君。あのときは君が笑ってくれて助かったわ。みんな真面目な顔してメモるから、俺が滑ったみたいになってもーてたやんか」と、いたく喜んでくれていた。そんなことがあり、カテキンさんとも打ち解けることができ、中国株のことだけでなくたくさんのことを教えてもらった。

ところで、君がイメージするお金持ちとはどういう人だろうか。私が君くらいの年齢のときだと、有名な東京の大きな会社のお偉いさん、スーツをバシッと着こなしたような絵に描いたようなエリートを想像した。もちろんそういうタイプのお金持ちもいるが、それだけではない。特に地方の中小企業の社長の中には、とんでもない人がいる。カテキンさんもそういうタイプだ。私なんか足元に及ばないくらいの資産家であり、敏腕経営者だ。

「仕事」「ビジネス」「商売」と言っても、大企業のそれと、中小企業のオーナー社長（自分で会社を起こして事業を展開している人）では、そのやり方が全く違う。私は典型的な前者のタイプだ。多くの人が名前を知っている会社でサラリーマンとして働いてきた。

どちらが良い悪いの話ではなく、とにかく「当たり前」の基準が全く違うのだ。そして大企業をずっと渡り歩いてきたような人生だと、そうでない属性の人と一緒に仕事をしたり関わったりする機会がほとんどない。

私もビジネスパーソンとしてそれなりにやってきた自負があったが、カテキンさんの話は「そんなことあるんですか？」と目を丸くさせられっぱなしだ。カテキンさんの話を聞いていると、自分はキレイなところ、上澄みで仕事をしていたんだなと感じることも少なくない。紹介したいエピソードは色々あるのだが、あまりにも生々しい話が多いので、書籍に載せるのははばかられる（笑）。とにかく人間のリアルに近い商売をしているからこそ、より本質的で強い。

カテキンさんから学んできたことは、きっと会社の上司たちだって経験したことのないような話ばかりだ。**上司から学ぶことももちろんたくさんある。しかし人生はそれだけではない。年齢も性別も仕事も関係ない。自分と全く違う属性の人からも**

たくさん学ぶことをおススメする。私にとって、人生や投資の師は広瀬さんやカテキンさん（実際は他にもたくさんいるが、ここでは二人だけを紹介させてもらった）だが、フォートナイトの師匠はと言うと、まぎれもなく君だ。君がいなければ私はほんの数日で心が折れていた自信がある。

忖度のない世界で謙虚さを学ぶ

ここで紹介した師匠は二人とも投資家だ。君も中学生だから投資が何かくらいはなんとなく分かるだろう。分からなければ後で調べておきなさい。私の投資デビューは中学2年生の時だった。お年玉を使って、はじめて投資信託に挑戦した。投資信託というのは、投資家から集めたお金を、専門家が運用し、その成果をまた投資家に分配するという仕組みの商品だ。

当時の日本はバブル期と言われ、不動産や株式などの価格が実体経済とかけ離れて高騰していた。1989年12月29日に、日経平均株価は史上最高の3万8915円となった。分かりやすく言えば、日本の色々な企業の株の値段がめちゃくちゃ上がったということだ。詳しい説明は省略するが、たとえば1株2万円で買ったものが、3万円に値上がりしたタイミングで売れば差分の1万円が利益となる。

さて、史上最高値となった日経平均株価だったが、年が明けどんどん値段が下がっていった。わずか3カ月後には、3万円台を切りそうになっていた。本屋で仕入れた知識によると、株価は3割下がると「暴落」と言われるらしい。世間はまだバブルの余熱で浮かれていたが、当時愛読していた日経新聞でも「株価暴落」の文字が躍るようになっていった。さて、そこで少年田端は何を思ったか。

「株が安い今のうちに買っといたら、何年かしてめっちゃ儲かるんじゃない？　この間もらったお年玉、増やせないかな？」

そんな淡い期待を胸に、お年玉を握りしめて、証券口座を作りに行った。当時はネット証券なんてなかったから、小松市からわざわざ金沢市にある日興証券（現：SMBC日興証券）まで行ったことを覚えている。

そんな初めての投資体験だが、結果は散々だった。時はバブル崩壊の真っ最中。私が暴落で買うチャンスだと思っていた日経平均3万円はまだまだ下りの山の8合目あたり。そこからさらに下がり続け、最終的に8000円台にまでなってしまった。結局1

989年の最高値はいまだに更新されていない。あの5万円がどうなったかは忘れてしまったが、とにかく大損だった。

一度懲りて以来、投資とはしばらく無縁だった。働き始めてからも20代のころはとにかく忙しく、投資しようという気も起こらなかったし、そもそも元手もなかった。ところが新規事業に携わるようになってから考え方が変わった。会社の中で新しく何かをやろうとすると、株主に対してどう説明するかを考えなくてはいけなくなる。そこでファイナンス（資金調達や調達したお金の利用、収益の分配など）や会計を勉強するようになり、そこで改めて面白さに気づいたのだ。ファイナンスはビジネスをやっていく上での「言語」のようなものなので、英語やITリテラシーと並ぶビジネスパーソンとしての必須科目だ。財務に関するABCも読めないレベルだと、もはやコミュニケーションすら成り立たない。

そうやって、一度は心を折られた投資の世界に再度足を踏み入れることにした。私は投資で生計を立てているわけではないが、投資、特に株取引がものすごく好きだ。株ほど**具体と抽象を行ったり来たりすることが求められたり、自分が間違える可能性**

を考慮に入れる営みは他にないと思うからだ。世界中のものすごく頭がいいトレーダーの人たちが予測してもこれだけ裏切られるのだ。そんなゲームが他にあるだろうか。

株と向き合っていると、私は謙虚でいられる。なぜなら株の世界には一切の忖度《そんたく》がないからだ。偉い人間が勝つわけでも、正しい人間が勝つわけでもない。**本当に賢い人は「俺は正しい！」ということを主張するのではなく、自分がいかに間違っているかを考慮にいれて行動している。**そうやってミスを極力抑えた人が勝つのだ。君からみたらスマホでポチポチやっているだけにしか見えないかもしれないが、私の頭の中では「自分はどこか間違っているんじゃないか？」「一度決めたけど、やめた方がいいんじゃないか？」という反省が繰り返されている。

周囲の人を見ていて感じることだが、人間どうしたって年をとり、立場が上がっていくにつれて傲慢になる。針が振り切れているんじゃないかというくらい頭がいいはずの先生たちが、50歳、60歳を過ぎてみるみる老害化していく様子を私は何度も見てきた。客観的に見ていると「なんかズレてきているな……」と思うところがあっても、本人たちは一切気づかないし、周囲にそれを指摘してくれる人もいないのだ。その点、株式市場や投資の世界は先生を先生扱いなんてしてくれない。どれだけ偉い先生でも、間違っていたら大損するだけだ。

そのように考えると、ご高齢になってもずっと活躍し続けている経営者は、常に忖度のない世界で戦っているように思う。たとえば「ユニクロ」を展開する株式会社ファーストリテイリングの柳井正会長兼社長は、すでに74歳というご年齢だが、今も日本を代表する企業の現役の社長である。少し考えてみてほしいのだが、君がユニクロで服を選ぶときに「ユニクロで買ってあげた方が、柳井さん喜ぶしな」、なんて一瞬でも考えたことがあるだろうか。「今年のヒートテックは微妙だったけど、柳井さんのメンツがあるから、来年も買おう」となるだろうか。まずそんなことはない。気に入らなければすぐに、イオンのプライベートブランドに乗り換えるなり、無印良品に駆け込むなりするだろう。

40年以上にわたり、自動車メーカーSUZUKIのトップを務めていた鈴木修氏は、同社を「世界のスズキ」へと成長させた伝説の経営者として自動車業界で大変に尊敬されている人物だ。2021年に惜しまれながら引退をしたときにはなんと91歳。軽自動車などコンパクトな自動車に強いスズキ車は40～50代の女性、いわゆるおばちゃんたちにもファンが多い。そんなおばちゃんたちにとって、鈴木会長が伝説のカリスマ経営者だろうが、軽の守護神と呼ばれていようが、どれだけ尊敬されていようが、どうでもいいことだ。欲しければ買うし、欲しくなければ買わない、ただそれだけだ。そうやって一切の忖度のない世界で、業績というフィードバックを浴びせ続けられる経営者は、常に真剣勝負の連続。老いている暇すらないのだろう。

柳井さんや鈴木さんほどまではいかずとも、株取引に向き合うということで私も、自分に一切の忖度のない世界に身を投げ、謙虚でいられるように自分を律している。予想が外れて「世の中バカばっかりだ！」と憂いたところで、損したお金は戻ってこない。自分の何がいけなかったんだろう？　と淡々と振り返るのみだ。

教養とは、人と繋がる力である

ところで人に言わせると、私は読書家らしい。たしかに本は気になったらすぐに買うようにしている。月に10万円以上は購入していると思うが、本を買いすぎて破産した人を私は見たことがないので、特に上限は決めていない。中には細かい字がびっちり書かれた分厚い本もある。そういう本を見せるとたいていの人が「うわ〜」とドン引きし、「時間がないから自分には読めない」となぜか言い訳を始める。確かに私は活字が好きだが、とはいえそんな本の端から端まで読むなんてことはまずない。「読んだことがある」というのは私にとって紙の本を買ってきてパラパラめくったことがある、くらいだ。ただ、触れたこともないというのと、めくったことがあるには天と地ほどの違いがある。

ある分野で仕事をするなら必ず読んでおくべき一冊のことを「バイブル」と言うことがある。もし君がいつかメディアの仕事をするならば、マーシャル・マクルーハンの『メディア論―人間の拡張の諸相』や『グーテンベルクの銀河系―活字人間の形成』などがそれにあたる。とりあえず、これを読んでおけば間違いないと言われるような本のことだ。たいてい、緻密で分厚い。さて、バイブルとは日本語に直訳すると聖書のことだ。世界一のベストセラーはまさに「聖書」だ。ところがキリスト教徒でさえ、聖書を隅から隅まで読み込んでいる人はそういない。でも、間違いなく家に聖書は置いてあるだろう。そういう環境で過ごすうちに、断片的にでもなんとなくどういう人が出てきて、パウロは何て言ったなんてことが頭の中に刻み込まれている。だから、キリスト教徒同士であればそういったネタで話が通じ合う。

これは私の持論だが、**人と人が分かり合う時には「固有名詞」が大事だ。**固有名詞がかぶった瞬間、「あ、この人はこういう人なんだ」ということが見えてくることがある。たとえば就職面接で面接官と愛読書がかぶったら、8割受かると思ってもいい。これは本じゃなくて、新聞でも映画でもいいのだが、本の方が選択肢が無数にあり、かぶる確率が低いので、かぶったときの驚きと喜びが大きいのだ。逆に、人気で皆が知っているようなものだと、分かり合いが浅くなる。好きなマンガを聞かれて「ワンピース」でかぶるよりも、「スティーブ・ジョブズの伝記」でかぶった方が「お！　まじで!?気が合う!!」ともう一段上のレベルで打ち解け合える気がするだろ？

固有名詞がかぶることの喜びは、何も初対面の人同士に限らない。それこそ私は、君に「これ面白かったよ」と君に薦めた大河ドラマや本を、君も面白いと言ってくれたときはとても嬉しい気持ちになる。また、君が勧めてくれたもので新たな世界を発見することもある。アメリカに行った時、飛行機の中で映画『余命10年』を君に勧められたので私も観てみたが、これまで知らなかった君の感性に触れた気がした。まさか、長男から薦められた恋愛映画で感動する日がくるとは！　新たな世界を開けた喜びと君の成長を実感した瞬間だった。もちろん互いに読んだり観たりした上で好き嫌いがあることはあるだろうが、「知らない」と「見てみた」の差はあまりにも大きい。知らないままでは語り合うことも議論することもできない。

本や映画、あるいはワインなどさまざまな作品に触れるということは、それだけ自分の中に引き出しを作る行為である。最近は「教養としての〇〇」という言葉がやたら流行っているが、教養がなぜ大事かというと、そういう引き出しが多くある人の方が人と繋がりやすいからだ。生きていく上で必要な力が2つある。それが学び続ける力と、人と繋がる力だ。本はその2つの力を身につける強い味方になってくれる。

ポートランドのパウエル書店。
息子たちに何か刺激となったら、父親冥利につきる

第3章

子育てで自分を育てる

人生を鮮やかにする家族の考え方

家族と過ごせる時間はほんの一瞬

今、13歳の君にはあまり想像ができないかもしれないが、近い将来君にも子どもが生まれることだろう。もしかすると血の繋がらない子どもと家族になることだってあるかもしれない。まぁ、カタチはなんだって構わない。君が父になる日のために、父親としての私の考え方を残しておこうと思う。はじめに言っておくが、**家族と過ごせる時間なんて、長い人生の中ではほんの一瞬だ。後回しにしたり、ないがしろにしたりしては、後から取り返すことは不可能である。**限られた時間の中でどう過ごすか――。そんなことを考えながら読んでくれると嬉しい。

ところで、私にとって人生最初のライバルは父だった。つまり、君のお祖父ちゃんだ。子どものころから本に夢中だった私は、図書館や図鑑で仕入れてきた知識をいつも父にぶつけていた。「ねぇねぇ、お父さんコレ知ってる?」と、自信たっぷりに問題を出すのだ。するとどうだろう。父は私の問いに答えるどころか、図鑑にも載っていないような新たな知識を披露してくるのだ。私は悔しくて、また調べては父のところへ行った。父が私の探求心をくすぐるためにわざとそんなことをしていたわけではないと思うが、結果的に「お父さんに負けたくない」という思いが、私の知的好奇心をどんどん膨らませていった部分は少なからずあるだろう。今思えば、図鑑を抱えて「たのもー！」と父のところへ行ったあのやり取りは、ある種の稽古のようだった。

そんな私の父は、どうひいき目にみても教育熱心なタイプではなかった。先の稽古の話も私が勝手に挑んでいただけで、父から誘われた覚えはない。家族でキャンプに行ったりすることが年に一、二度あるかどうかくらいで、印象的なエピソードも覚えていない。

ただ、**父は私の人生を限定しなかった。**やりたいことをやればいい、と私に人生を選ばせてくれたことは、今の私の生き方を決めるにあたってすごく影響していると思う。

当時、地方の人間にとっては、「地元の国立大学を出て、地元で一番の会社に入る」

ことが人生の成功ルートだった。私の父や母も同じような感覚だったので、私が東京の大学に行きたいと言った時には、少し揉めた。しかし最終的には、「東京に行きたいのであれば、東大か早稲田、慶応くらいでなければ行かせる意味がない」という条件がついたものの、私の意思を尊重してくれた。お祖父ちゃんの寛容さがなければ、君は生まれくることすらなかったんだ。

だから、と言うわけではないが、**私も君の人生には干渉しないということを、ハッキリ決めている。** やりたいと思うのであればやればいいし、やりたくないと思うのであればやらなければいい。「息子の人生を勝手に決めない」。父親としての私のスタンスはこの一言に尽きる。

子育てに「意味」はない

子育ては24時間365日休みなしの、まさにブラック労働である。時間も体力もお金も、自分の持てるリソースの大半をかけても、うまくいかないこともある。実際に私も君たちを授かったからこそ気づいたことだが、心身ともに元気で、素直で明るく、そこそこの大学を出て――。まぁ、いわゆるそんな普通の若者を育てあげるのがどれほど大変か……。子どもを育てる以上、苦労は避けては通れない。これは紛れもない事実だ。

「こんなに苦労しているんだから、得るものが欲しい」――。

と考えるのは、人間の性なのだろう。人は子育てにやたら意味を求めたがる。「家族とはどうあるべきか」「子どもはどう育てるべきか」……。実に多くの人がこの問いに頭をひねり、時に意見の異なる相手と激論を交わしている。そんな様子を見かけるたびに、私は「不毛だな」と他人のことながら思わずため息が出そうになる。**子育てに意**

味を求めて、「べき論」をぶつけあったところで、無駄だろう。

少し考えてみてほしい。海を泳ぐイルカは、家族を持つ意義を考えるだろうか。アフリカの草原を走るシマウマは子育ての意味に悩み眠れないほど不安な夜を過ごすことがあるだろうか。まず、そんなことはない。ヒトだって、彼らと同じ動物にすぎないのである。繁殖をし、子どもを育てるということは生物にとっての本能レベルの行動であり、そのこと自体に意味を求めたところで仕方がない。

そもそもどんなに父親や母親が頭をひねったところで結局は「なるようにしかならない」のである。ただ、せっかく縁あって家族として出会うことができたのだから、お互いに楽しく過ごせれば、それで十分ではないのだろうか。

と、私の子育て観はこんな感じなのだが、あまり共感はされない。メディアで子育てを語ろうものなら、世の教育ママ、教育パパたちからは、怒りのメッセージをいただくこともある。「無責任だ」とか、「子育てを母親に任せているからそんな気楽なことが言えるんだ」ってね。

どれだけ炎上しようとも、私はこの持論を曲げるつもりはない。「子どものために頑張りたい」という気持ちを否定するつもりはないが、それを押し付けられた子どもたちが幸せになっているとは必ずしも言えない現実もある。父親のあるべき姿なんかよりも、偶然巡り合えた君たちとの時間を楽しく過ごし、自分の人生を生きたいように生きることの方が私にとってはよっぽど重要なのである。

子どものために頑張る、は危険思想

私に言わせれば、今の世の中、みんな頭の中で子育てが占めるウエイトが重すぎだ。**子育てに意味を求め、そこに躍起になればなるほど、「被害者意識」的な思考に陥っていく。「子どものために」「あなたのために」が口癖になっている人は、自分の苦労や犠牲を無意識に子どものせいにしていると言ってもいい。**

「子どものために、私はこんなに頑張っている」「子どものために、こんなにお金を使った」――あるいは子ども自身に向けて「あなたのために、お母さん（お父さん）は苦労したんだ」「あなたのために、良かれと思ってやっている」。そんな言葉が聞こえてきたら注意信号だ。

私たちは子どもに頼まれたから子育てをしているのではないのだから、どれだけお金がかかり、時間・労力といった犠牲を払っていようが、子どもにとってみ

れば知ったことではない話だ。子育ては、親である私たち自身が、勝手に始めたことであり、別に子どもから頼まれたわけでもない（生物としての本能を含む）と自覚すべきだろう。

以前、こんなことがあった。

君たちの母がヨガの講習のため3週間ハワイに研修旅行に行った時のことだ。その間、君たちの面倒は私が一人でみることになった。仕事をしながら、9歳、7歳、5歳の朝の支度に保育園の送り迎え、夕食、お風呂、掃除洗濯、寝かしつけ……。いつもはその大半を担ってくれている妻に改めて感謝しつつ、私はできるだけ時間と労力をかけずにすべてをこなす方法を考えた。

一番やっかいだったお弁当は、レンジでチンをする「サトウのごはん」、ふりかけ、自然解凍の冷凍食品を駆使して、3分で作っていた。

ところが、だ。この3分弁当のことをTwitterで紹介すると、SNSで大きく炎上したのだ。私のもとには「育児をナメるな！」「手抜きで子どもがかわいそう！」と多くの批判が届き、しまいにはテレビの情報番組で特集までされてしまった。世の中には何十分、あるいは1時間以上かけてお弁当を作っているママやパパが大勢いる。彼らにとって私のお手軽3分弁当は、到底許せるものではなかったようだ。そして面白いことに、そういう人ほど「子育ては大変だ」「育児をしていると時間が足りない！」と、子育ての大変さを憂いているのだ。

子どもの健康を考えて、手作りしか使わないのも良いだろう。子どもが喜ぶからと、時間をかけてキャラ弁をこしらえるのも素敵だと思う。もちろんそんなこだわりの弁当が3分でできないことは私にも分かっている。ただ、どれもこれも「自分がやりたくてやっている」という事実を忘れてはいけない、と私は思うのだ。この前提を忘れてしまうと、いつのまにかやりたくてやっていたはずのことが義務のように感じられ、自分で自分の首を絞めてしまう。何年かすれば「あなたのために」が「あなたのせいで」に変わっているだろう。

子育ては、やらされていることではない。私たちがやりたくてやっていることだ。

子育ての「答え合わせ」は「あの世《よ》」で

書店に足を運ぶと、「賢い子どもの育て方」「正しい子育て」「失敗しない子育て」「天才を育てる方法」など、子育て術を紹介する本や雑誌が所狭しと並んでいる。

みんな、何かを目指して一生懸命子育てに取り組んでいるが、そもそもゴールはどこにあるのだろうか。私は、子育てにゴールを定義することは無理だと思っている。良い大学を出て、良い会社に就職したのに、ちっともやりがいを感じられず悩む人もいる。子宝にも恵まれ、円満な家庭に暮らしていたのに、「私の願う人生はこうじゃなかった」と心を病んでしまう人もいる。事業で大成功を収めたものの、仲間は去り、孤独に苦しむ人もいる。彼ら、彼女らの両親は、子育てに成功したと言えるのだろうか？

人も羨むような出世街道をひた走ってきた人が、晩年に刑事事件を起こして逮捕されることもあれば、カーネル・サンダースや伊能忠敬《ただたか》のように60歳を超えて偉業をなしとげる人もいる。両親が死んだ後の子どもたちの盛衰は、親である私たちは知る由もない。**子育ての成功や失敗なんて、結局、子どもの人生が完結するまで分からないものなのだ。**子育ての答え合わせは、「あの世」でやるしかないのだ。

父親や母親が家庭で担う仕事として、「家事・育児」という表現をよくされるが、そもそも家事と育児ではその性質が全く違う。家事にはそれぞれ目的があり、ゴールの定義があるため、努力と工夫次第で効率を上げたり、精度を高めたりしていくことができる。一方で、育児には先ほど述べたように明確なゴールなどない。親が良かれ！と思って掛けた愛情や費用が子どもの幸福度に相関する保証も全くない。どれだけ理想像を掲げて、書籍に答えを求めたところで、そもそも正解なんてあってないようなものだ。

私には、何を以てすれば子育てが成功したと言えるかは分からないが、**失敗のラインだけは明確に引いてある。それは、「自立できない」ことだ。**

世の中には、自分の息子や娘のためにコネ入社を手配する親がいる。私にはその親の気持ちも、それに乗っかろうとする子どもの気持ちもさっぱり分からない。いくつになっても我が子は可愛いのだろうが、**子どもの自立を妨げるということは、「私たちは子育てに失敗しました」と明言しているようなものではないだろうか。**

いい年して、親と同居し、生活を親に依存している「パラサイト・シングル」や、いつまでも働かない「ニート」も世の中にはいる。中には、病気や怪我でどうしようもない事情がある家庭もあるだろうが、君たちにそうなってもらっては困る。なぜなら、子どもがいつまでも自立できないようであれば、安心して死ねないからだ。

引きこもりニートになるくらいであれば、ちょっとヤンチャが過ぎて怒られたり、世間をお騒がせするくらいの方が、元気があってよろしい。

君もその時がきたら、自力で就職するなり、起業するなり、バイトするなりでちゃんと自分の喰いぶちは自分で稼ぎなさい。「できない」と嘆いたところで、私は手を貸すつもりは一切ないので、そのつもりでいるように。

子どもは他人、究極の他者

そもそもの大前提だが、子どもというのは親とは血が繋がっていようがなかろうが、別の人格だ。そんな当たり前の事実を多くの人は忘れている。

「自分の子どもがノーベル賞を取ろうが犯罪者になろうが、そもそも他人なんだから関係ないじゃないですか」

以前、そう語っていた人がいた。私は「まさにその通りだ！」と膝を打ったが、この考えも一般的にはなかなか受け入れられない。世の親は自分の子どもがノーベル賞を取ろうものなら何とも誇らしい気持ちになるだろうし、罪を犯したと聞けば、表を歩けないような羞恥心にさいなまれるのだろう。正直に言うと私にもそんな気持ちが全く芽生えないわけではないが、あえて「俺は俺。息子は息子」と突き放して考えるようにしている。

君の成功は君のものだし、君の失敗も君のものだ。

これは、自分の意識の問題だけにとどまらない。私たちは見ず知らずの親子を見ていても、本来他人であるはずの「親」と「子」を同質視してしまいがちである。少々ヤンチャが過ぎる子どもを見て「親の顔が見てみたい」なんて言うことがあるが、その子どもが30歳を過ぎても、50歳を過ぎても、その後ろにある「親の顔」を探し、隙あらば批判しようとする人のなんと多いことだろう。

以前、テレビで大活躍していた有名司会者の息子が窃盗事件を起こしたことがあった。テレビや週刊誌はこぞって「○○氏の息子、逮捕！」などと報道し煽《あお》りたてた。その司会者の自宅の前には多数の報道陣が詰めかけ「息子さんの事件についてどうお考えですか?」とマイクを向けていた。この司会者の方は、当初、「30過ぎて世帯を持って独立して、という人間に関して、身内だからということで責任を取るのか」と言及していたが、結局自身が出演していた報道番組を降りることになったのだ。

30歳を過ぎた息子の不祥事の責任を、なぜ親が取らないといけないのか。強烈な違和感として、私の記憶にも残っている事件だ。

私たちは無意識のうちに、「子どもなんだから」「親なんだから」と相手に期待してしまう。それは仕方のないことではあるが、家族はどれだけ近い存在であっても「別人格」という自覚を持たなくてはいけない。息子だろうが娘だろうが、どんなに可愛かろうが、やっぱり他人には違いない。

それを忘れてしまうと、「こんなにやっているのに、言うことを聞かない」と腹を立てたり「息子の考えていることが分からない」と頭を抱えたりしてしまう。

そもそも、他人なのだから、私たちは「分かり合えない」ことが前提なのである。**家族であっても、すべてを理解し合う必要はない。でも、だからこそ究極の他者、もっとも近い他人として、人生の一部分をともに過ごすという関係の中、ほんの一瞬でもいいから、「何か伝わったかな」と思えた時がかけがえのないものであり、尊いのだ。**

楽しめない大人の背中を見せるな

教育論にも色々ある。小さなころから塾に通わせ、勉強させる親もいれば、自然から学ぶことが大切だと、勉強そっちのけでさまざまなアクティビティを経験させようとする親もいる。

また、「子どもは親の背中を見て育つ」のだから、親が学び、楽しむ姿を見せることを良しとする考え方も強い。子どもにたくさん本を読ませたければ、親が日頃から本を読んでいる姿を見せた方が良い、子どもに勉強させたければ、親が大人になってからも勉強する姿を見せるべきだ、という具合だ。私がキャンピングカーで君たちを連れ回したことがなぜか社会から受け入れられているのも、私自身が心からその旅を楽しんでいたからこそ、それが教育的にすごく良いことだ、と捉えられているようだ。

「うちの旦那にも見習わせたいです」——そう笑いながら話しかけてくる女性たちがいた。彼女たちの目は全く笑っておらず、私を褒めたたえているようで、実は数メートル離れたところで苦笑いをしている夫に聞かせているのだ。

特にキャンプや魚釣り、ボール遊び、山登り……そんなアクティブな「遊び」は父親の役目だと考える人も少なくない。確かに統計的にみれば、男性の方がそうした遊びを好みがちだ。本人が本当に好きなのであればそれでいいが、やりたくもないのに「子どものの教育のために」と渋々楽しいふりをして連れ出そうとする態度は、どうせすぐに子どもに見抜かれてしまう。

私は、「楽しんでいるフリ」はしない。もし君の思い出の中で、父が楽しんでいる情景が思い浮かぶのであれば、それは私が本当に楽しんでいる時だ。君も将来、誰かの親になった時には、「子どものために楽しいことをさせてあげよう」とあれこれ考える前に、自分が本気で人生を楽しんでいるかを見つめ直してみることをおすすめしたい。

30越えたら仕事を現実逃避に使うな

とはいえ、子育てはハッキリいって楽しいことばかりではない。まだ赤ん坊のうちは言葉は一切通じないし、こちらがどれだけ頑張っていても、泣く時は泣く。せっかく作ったご飯をすぐに吐き出すし、物は壊すし、粗相はする。いつ、どこでどんなトラブルが起こるか、全く予想がつかない。

ある程度成長して、言葉が通じるようになったからといって、楽になるわけではない。自我が強くなってきたらきたで、主張は強くなるし、親を逆撫でする言葉を言ってくることもある。子どもたちはいつだって本気で自分の要求を通そうとするし、全力でぶつかってくる。

よく「俺は仕事をして稼いでいるから、家のことや子どものことは妻に任せっぱなし」だとなぜかドヤ顔で語る男性がいる。男は仕事、女は家庭なんて価値観も昔はあった。

しかし、**いい大人が家庭も顧みず「仕事だけをする」というのは、一種の現実逃避だと私は思う。**私自身、仕事で家を空ける機会も多く、妻に育児の面では頼っている部分が大きいことは認めているが、自戒の意味もこめて、あえて指摘しておきたい。

20代のうちは、経験を積むためにもガムシャラに全力投球して仕事をしたほうがいい。しかし10年も働いていると、ビジネスのルールや感覚が身についてきて、仕事はある意味で「簡単ではないが楽」なことに変わっていく。子育ての理不尽さに比べたら、職場でのトラブルや上司からの叱責、顧客からのクレームなんて、大したことはない。**仕事を言い訳に、家族と向き合うことから逃げるなんて、はっきり言ってダサい。子育てより仕事の方がはるかに楽だから、逃げているだけ。弱虫の逃げ口上だと思う。**

仕事とプライベートの時間をきっちり分けている人もいるが、私の場合は、「公私一体」が性に合っていた。朝起きて頭が冴えているうちに、自宅で少し仕事をし、そのまま家族と朝ご飯を食べる。子どもたちを送り出し、職場に向かう。土日はあまり仕事を入れないようにしているが、それでも講演の出張などが入った時には、子どもたちも可能なら一緒に連れていくようにしていた。

どんなスタイルをとるかは自分で決めればいい。私のこの話を聞いた上で、「俺はそれでも、仕事に全力投球する」という選択をするのもありだろう。35歳過ぎてもそんな調子でいる人を私は現実逃避だと思うが、それはその人自身の優先順位の問題にすぎないからだ。

親への反抗心を喜べ

さて、ここまで父親目線で話を続けてきたが、もしかすると君の子ども時代、特に幼少期の思い出は父よりも母の印象が強いかもしれない。君もご多分に漏れず「ママが大好き」な子どもだった。今はどうだろうか。

私は父親であると同時に、君がオギャーとこの世に顔を出した瞬間から、これまでの君の13年間の「母と息子のドラマ」をもっとも間近で見てきた人間でもある。君の成長とともに徐々に、しかし確実に変わっていく二人の関係を、当事者である君たち以上によく分かっているのはもしかしたら私かもしれない。**身体と同じように心も成長する。しかしそれを受け入れるのは、親にとって一つの試練でもあるということを私は実感した。**

「もう、俺、やっぱり行かない」――。

あのキャンピングカーの旅からわずか3カ月後。年末に家族そろって海外旅行をする予定だったが、空港へ向かうタクシーに君は乗って来なかった。きっかけは、些細なことだ。出発直前になり、冬休みの宿題はどうだとか、スマホを使う時間がどうだとか、ここ最近一気に小言の頻度が増えた母と反抗期を迎えた中学生男子の小競り合いがはじまった。結局君は、「行かない」という選択をし、私たちはそれを受け入れた。

まだ13歳の息子を一人残して海外に出かけることに若干の不安があったものの、近くにはお義母さん（君のお祖母さん）もいるし、スマホもある。食べ物に困ることもないだろう。「せっかくの家族旅行なんだから」という後ろ髪を引かれる思い以上に、「自分で言いだしたことに責任を持つ」いい機会だと私は思った。

一週間後に帰宅すると、ずいぶんとご機嫌な様子の君がいた。少しくらい寂しがったり不安がったりしているんじゃないかというこちらの予想を裏切り、一人の時間をずいぶん満喫していたようだ。君が私たちから今にも巣立たんとしていることを、まざまざと感じさせられた出来事だった。

それを私以上に感じているのは、おそらく君の母だろう。赤ん坊のころから、幼稚園児、小学生と、ずっと君は「ママが大好き」だった。そのころははっきり言って、ママの存在が大きすぎて、パパの出る幕がないことも多かった。単純に過ごしている時間が長いということもあるのだろうが、少年たちはいつだってママが大好きだ。中学生になり、そんな母と息子は明らかに衝突が増えた。顔を見合わせれば喧嘩をし、かと思えば母親に対してはくだらないわがままを吐く。

母親に対してきつくあたる姿は、見ていて気持ちの良いものではないし、一人前の大人の態度とも言えないが、13歳の少年としては自然な姿でもある。ずっと仲良く一緒に暮らしていくことだけが家族の正解ではない。

さて年末の一件では、「もう、これからは家族そろって旅行に行くことも少なくなっていくのか」という寂しさの裏で、私は妙な誇らしさを感じていた。母と息子、君たちは二人、互いに意見をぶつけ合い、最終的にそれぞれが自分の決めたことを守り通した。君が順調に独立に向けて成長していることを感じると同時に、それを受け入れ、甘やかさず、家に置いていこうと決断をした妻、君の母にも、親としての漢気《おとこぎ》を見たからだ。

アメリカの景勝地、モニュメントバレーで黄昏《たそがれ》る長男。
もう子どもではなく、男の背中をしていた。

弟子としての息子と子どもとしての娘

成長に従い、母との距離があくにつれ、今度は君と私の心の距離が近づいてきているような感触を実は持っている。「パパと息子」の関係から、少しずつ「男と男」あるいは「師匠と弟子」のような関係に君の中でも変わってきているのではないだろうか。

男だ女だと性別で区切る考え方はあまり好きではないが、そうはいっても男には、男同士でしか分からないことがやっぱりある。自分の中のそんな思わぬジェンダー観に気づいたのも、子育てを通してだった。

君には妹と弟がいるが、やはり私は、息子（君と弟）に対しての接し方と娘（妹）に対しての接し方を100％同じにはできないことを認めなければいけない。人間として大切な部分は教えることができたとしても、女性の生き方には、私にとって分からないことが多すぎる。娘に対して、私が親としてできることは、お金や労力といったリソースの提供くらいだ。習い事をしたいというのであれば、月謝を払い、喜んで送り迎えをしよう。しかし、彼女に対して私は人生のロールモデルにはなり得ない。また私がいそいそと世話をやくことを彼女が（特にこれから先）喜んでくれるのかも、正直に言うと自信がない。

一方で、**息子に対しては、自分の生き方を示してやりたい、という一種の師匠魂のようなものが湧いてくる。**衣食住の面倒を見るだけでなく、何かそれ以上のものを弟子に伝えなくてはいけないような気がしてくるのだ。

師匠と弟子なんて言ってみたが、自分の師匠に誰が相応しいのかは、弟子の側が自分で選ぶことだ。私は君の師匠として相応しい生き方をしようと勝手に決めているが、どう受け取るかは君次第である。ただ、**誰を師匠とするにしても、弟子とは、師匠を越えていくものだということは忘れてはいけない。**

「感謝されたい」を捨てろ

「父親でいることに疲れました」――。

以前、インターネットの掲示板にそんな投稿がされていたのを見かけたことがある。仕事をして子育てにも積極的に参加しているのに、幼い子どもは「ママがいい」と自分を拒絶し、しつけのつもりで叱ったら妻からは「そんな言い方をするな」と注意され、家族の中で疎外感を感じているというのだ。

そんな弱気を吐く気持ちは、分からなくもない。子育ては大変だ。こちらがどんなに一生懸命でも、疲れていても、子どもには関係ない。言うことを聞かないなんて当たり前で、時には「いや！」と全力で拒絶されることさえある。君も大人になったら経験することになるだろうが、あまりの理不尽さに頭がクラクラしてくるはずだ。

しかし、だからといって誰かに褒められたい、子どもに感謝されたい、いつか報われたいというのは、父親としてはなんともケツの青い考えだ。子どもに何を言われたってドーンと構えておけばいいじゃないか。

近いうちに、私も娘に「パパ嫌い！　パパの服と一緒に洗濯しないで！」と言われる日がくるのかもしれないが、それはそれでいいと思う。心の中で（そんなことを言ったって、その洗濯機は俺が稼いだお金で動いているんだぞ）、と思っておくよ。

これは私の持論だが、世界を見渡すと、言論の自由がない国は、リーダーに自信がない場合が多い。リーダーが自分に自信を持てていないから、法律で尊敬を強要しなければならないのだ。彼らは国民からの尊敬を集めているように見えて、実際には自分たちの格を下げている、と私は思う。そういう目で見ると、日本は少なくとも皇室を批判する自由がある。さまざまな議論が起こることが、一周回って日本の皇室の権威を守っているとも言える。イギリス王室なんてさらに象徴的だ。ゴシップのネタにされたり、パロディにされたり、王室とは思えないような扱いを受けていることもあるが、それを笑って許せることこそ、王者の余裕なのである。

家族も同じだ。感謝されなかろうが、拒否されようが、ひどい言葉をなげかけられようが、自分の中で「俺はちゃんとやっているぞ」という自信さえ持てていれば、小さなことでグジグジ悩むこともなくなる。

父親でいることは疲れる。母親でいることも疲れる。しかし、そもそも人間であることが疲れるのが世の中である。子どもがいることで感じる疲弊は、子どもがいない人生だとしても別の疲弊として現れるのだ。どんな人生だとしても、「消耗されている」と感じれば辛くなる。

子どもには教えること以上に、教えられることがはるかに多い

子どもの教育を語る人は多い。しかしこれまで13年間子育てに携わってきた私が感じるのは、「子どもには、教えられること以上に教えられることが、とても多い」ということだ。

私は、君たちが勧めてくれたゲームや映画からも、たくさんの学びを得ている。学びというと少し大げさに聞こえるかもしれないが、ずいぶんと自分の世界を広げてもらった。どれもこれも、一人でいたら絶対に出会うことはなかっただろう。

たとえば、君が夢中になって通っていたLEGOのプログラミング教室。最初は付き添いの気持ちだったのに、親子合宿では私もすっかり楽しんでいた。ロボットと格闘する君を見ながら、「機械は、命令した通りにしか進まないんだな」と気づいた。人であれば、なんとなく空気を読んでうまくやってくれるところも、機械にはそれができない。

そんな当たり前のことも、気づいたきっかけは君だった。

ＮＨＫのＥテレにも随分お世話になった。『にほんごであそぼ』や『デザインあ』は、どうせ子ども向けの幼稚な番組かとタカをくくっていたのに、いざ君の隣に並んで見出したら、すっかり熱中してしまった。

子どもは社会の評価とか、大人の事情とか、いわゆる忖度とかを全く気にしない。アニメだろうが音楽だろうが、「いいものはいい」「つまらないものはつまらない」と、正直な感性を持っている。君たちの感性に乗っかってみたおかげで、私の人生もずいぶん豊かになった。ありがとう。

君も将来、誰かの親になった時には、はじめて、親のありがたみが身に染みる日がくるかもしれない。でも、そうなったとしても親孝行や恩返しなんて考えなくていい。私はもう君たちから大切なものをたくさんもらってきたのだから――。

第4章

生きた証明となる仕事をしろ

刺激と自由を与えてくれる働き方

仕事は人生を幸せに生きるための仕掛け

「3年後に、君はいくらの給料が欲しい?」

会社員時代、私は採用面接のたびにこんな質問を候補者に投げかけていた。するとその大半は「う~ん」と首をひねって、答えに困ってしまう。この質問に正解はない。年収500万円でも、1000万円でも、1億円でもいい。中には「サーフィンが大好きで、千葉の九十九里の海沿いに住みたい。生活費は手取りで月15万円あれば十分です。その代わり、波がいい日は休ませてください」。そんな交渉を持ちかけるのだってありだ。**私が知りたいのは、目の前の候補者がこれからどんな人生を歩みたいと考えていて、そのためにいくら稼ぎたいのかを根拠をもって具体的に考えているかどうか、だ。**そして自分がその金額に値するのだと、私を説得してほしいのだ。

ところがほとんどの人は何も答えられない。中には「3000万円欲しいです!」と意気揚々と答えてくれる人もいるが、「何で3000万円なの?」と突っ込んできいてみると、「なんとなく」「それくらい稼いでいれば凄い」など漠然とした答えしか返ってこない。仕事の時間は人生の3分の1を占めるとも言われる。そんな大切な仕事を選択するための場でさえ、みんなどこか投げやりで他人任せだ。

仕事は、幸せに生きるための手段だ。つまりどんな仕事をするかを考える時には、そもそも「自分がどんな人生を生きたいのか」「自分はどこに向かっているのか」を考えなければ始まらない。

私は、会社とは電車のような乗り物みたいなものだと思っている。これまでに6回転職した私にとっては、会社を変わることは電車の乗り換えに近い。目的地を定めたら、そこまでどうやって行くかを考えて乗り物を選ぶだろう？　同じように自分の人生の目的に合わせて、どんな会社で働くかを決め、乗り込んでいく。**途中で自分の目的地と会社の行き先がズレてきたなと思ったなら、そこで一度降りてまた別の乗り物に乗ればいいだけだ。**

よく「良い会社」とか「人気企業ランキング」という記事を見たりするが、万人にとって良い会社などあり得ない。一人ひとり人生の目的はバラバラだし、どういう進み方をしたいのかも人によって違う。結局のところ「君にとっていい会社」があるかないかの問題だ。

東京に行きたい人もいれば、北海道に行きたい人もいる。とにかく早く目的地に着きたい人もいれば、寝台列車でのんびり進みたい人もいる。中には「今は目的地を決めず、気ままに流されたい」という人もいるだろう。**大切なのは、自分が今どこに向かっていて、何を求めているのかを自覚しておくことだ。**大阪から東京に行きたい人が、「目の前に来たグリーン車が座り心地良さそうだから」と、博多行きの新幹線に乗り込んでいたら意味が分からない。

ところがこんな意味の分からない選択が、人生という旅においてはよく見受けられるのだから困ったものだ。「人気だから」「プラチナチケットだから」「乗り心地がいい（福利厚生がいい）から」なんて、行き先も確かめずに人気の列車の椅子取りゲームをしている様子には疑問を抱いてしまう。

若いうちから自分の目的地が明確に決まっている人は稀だと思うが、それにしても「海か山か」「東か西か」「暑い場所か寒い場所か」「都会か田舎か」くらいの大まかな目的地の方向性くらいは定めておいてほしいものだ。

どこへ向かうかも考えず、とりあえず世間体や居心地の良さで乗り込む先を決めてしまい後悔している人を私はたくさん知っているからだ。彼らの中には、もはや引き返すこともできずにいつのまにか「会社に乗っかること」が目的となり、会社という乗り物にしがみ続けるしかない日々を送っている人もいる。

「また月曜日がきたよ……」と憂鬱そうに満員電車に乗り込む。
理不尽な転勤も、クビになるから断れず、泣く泣く家族と離れて暮らす。
誰にでもできる単純で退屈な仕事を、ひたすらこなす。
すべてを捧げてきたのに、定年と同時に強制的に降ろされる。

そんな会社の奴隷のような働き方だけは、君にはして欲しくないというのが父としての私の本音である。

「働く」とは本来、とてもエキサイティングで楽しいことだ。ビジネスこそ最強のオンラインゲームでチームスポーツだと言ってもいい。**会社に振り回され仕事のために生きてはならない。幸せに生きるために仕事を味方につけるんだ。**

君は何になりたいんだ？

２０１８年に『ブランド人になれ！』という本を書いた。その年のある日、朝起きてリビングにいくと君が、私が書いたその本をまじまじと読んでいた。小学生の息子が自分の書いた本を読んでいるなんて、なんだか小恥ずかしく感じたのを覚えている。

「ブランド人になれ！」というのは私のモットーだ。とはいえこのフレーズはもともと私が考えた言葉ではない。私の人生を変えた一冊『トム・ピーターズのサラリーマン大逆襲作戦①ブランド人になれ！』（トム・ピーターズ著、仁平和夫翻訳）から拝借した。あまりに影響を受けてしまい、自分の本にも同じタイトルをつけてしまったくらいだ。

ほんの20年前まで、その人の価値は、その人が勤めている会社の名前ではかられていた。誰もが名前を知る有名企業で働いていれば、本人がその中でどんな仕事をしているかなんてお構いなしで、「あの人は○○株式会社で働いているんですって！」と親戚中、近所中でも噂になったくらいだ。年功序列や終身雇用制度に守られ、一度入ってしまえば定年まで安泰だった。逆にどれだけ志高く働いていたとしても、会社の名前が知られていなければそれまでだった。

ところが、社会は一変した。特にインターネットの普及により世界のビジネスの常識は書きかえられ、皆の憧れだった大企業は次々と崩壊し、会社や組織、政府が個人を縛り付ける力は急激に弱まっていった。

これからは、会社が守ってくれる時代ではない。「田端信太郎」という個人の力で、自分で人生をサバイブしていかなくてはいけない。私はそう悟り、ブランド人を目指すことにした。

ブランド（brand）とは、もともと「焼印」を意味する「burned」からきている。自分の家畜と他人の家畜を間違えないように、焼印を押して区別していたことに由来する。つまり一目見て、他のものとは違うと分かるもの。それが「ブランド」だ。

たとえば、「ナイキ」と聞くと何が思い浮かぶだろうか。きっとスニーカーやスポーツウェア、そしてあのロゴマークだろう。ブランド化されていれば、頭の中にパッとイメージが浮かぶのだ。これで気づいたと思うが、私たちの身の回りには高いものから安いものまで無数のブランドがある。私たちは無意識のうちにブランドによって何を買うか、どこに行くか、など日常のさまざまな選択をしている。

さて、ブランド人の場合は、対象がその人自身になる。名前を聞いただけでどんな人かすぐにイメージされたり、逆にその人が得意とするカテゴリで「○○と言えば?」と聞かれた時にすぐに名前が挙がったりする。

毎日を真面目に生きているだけで自然に発生するかといえば、そんな単純な話ではない。**一流のブランドの裏には、ブランドになるための緻密な計算や熱い人間ドラマがある**(稀に、自然にブランド化したものもあるが)。

今はSNSで個人の情報発信がいくらでも可能な時代だ。やり方次第でブランド人には、誰だってなれる。しかし、もちろんそこには戦略が必要だ。自分をブランド化していくための絵図の描き方はこれから具体的に解説していく。その前に、まずとても本質的な問いに向き合わなければいけない。

「私は何になりたいのか？」

「君は、世間の人から、どのような印象で、覚えてもらいたいのか？」

こればっかりは、他の誰かに代わりに考えてもらうことはできない。

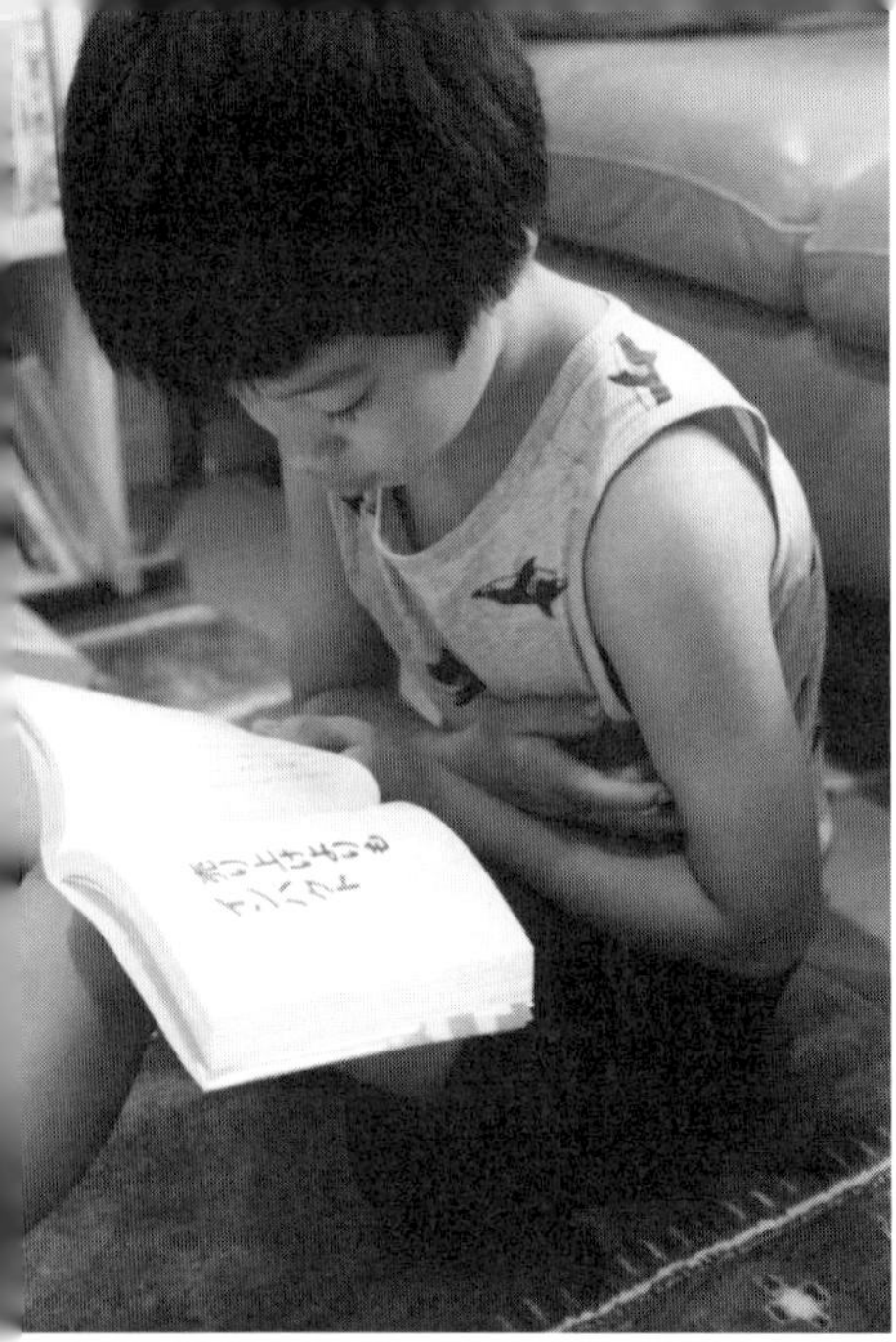

父親の本を自然と読み出した
当時３年生の長男

自分を分析し続けた人だけに天職は現れる

サラリーマンであっても、学生であっても、主婦であっても、ブランド人を目指すならば、「自分という会社」を経営するという視点が必要になる。もう少し具体的に言うと、**自分のことを、自分一人だけが登録している人材派遣会社の社長だと考えてみてほしい。**

今、このスタッフ（つまり自分自身）にどの業界で、どの会社で、どういう仕事をさせると、もっともたくさんの収入を稼げて、世のためにもなり、本人もハッピーになるか？

そんな風に自分を客観的に眺めてみよう。

なぜ、客観的に自分を突き放して見ないといけないのだと思う？　仕事とは一人では絶対に完結しないからだ。そもそも仕事の本質は、「誰かを喜ばせること」にある。どれだけ一生懸命頑張っても、どれだけ志を高く持っていても、君の仕事が誰かを喜ばせたり、誰かの役に立ったりしていなければ、何の意味もない。お客様なくしては、仕事もブランド人も存在し得ないのだ。

この大事な大事な原則を忘れずに頭に叩き込んだら、自分をブランド化する方法に進もう。**ブランド人への第一歩は、まず、自分はどのようなブランドになりたいのかを、できるだけ解像度の高い言葉で言語化することからはじまる。**どういう市場において、誰に（＝Who）、何を（＝What）、どのように（＝How）、提供することで「自分の価値」を際立たせることができるのかを、紙に書き出してみよう。

「は？　どういうこと？」と首をかしげる君の顔が目に見えるようだ。これだけ言われても何のことかさっぱり分からないと思うが、ここでは、シンプルなフォーマットを使う。ＵＳＪ復活の立役者として有名なマーケター、森岡毅さんが著書『苦しかったときの話をしようか』（ダイヤモンド社）で紹介されている「ブランド・エクイティ・ピラミッド」だ。これはいわば、「ブランドの設計図」のようなものだが、はっきり言ってこのピラミッドが完璧に描けてしまえば、もうこっちのものだ。はじめは難しいかもしれないが、とにかく描いてみよう。

まず、一番上には「攻略する市場」を書く。これはつまり、自分が戦う場所を決めるということだ

三角形の中には上からWho、What、Howが入る。

Who……「誰に」買ってもらうのか？

君のお客様は誰だ？ターゲットとは、マーケティングにおいては「資源を集中的に投入する標的」と定義される。いまいちよく分からないと思うので具体的に解説すると、求める結果のためにお金や時間、労力を費やす相手のことだ。お金も時間も限られている。だからこそその限られたリソースを誰に向けて優先的に使うのかを考えなくてはいけない。

ターゲットには「戦略ターゲット（ST：Strategic Target）」と「コアターゲット（CT：Core Target）」がある。戦略ターゲットは、お金や時間をかける対象のことで、その中でもさらに集中すべき対象こそが、コアターゲットだ。

What……「何を」買ってもらうのか？

Whatはブランドの価値そのものだ。商品にしろ、人にしろ、お客様はブランドの何かに惹かれてお金を支払う。その「何か」を言葉にしよう。これは、「便益（ベネフィット）」という。少し難しいかもしれないが、便益とは物そのものというよりも、それがもたらす結果にある。

よく言われることだが、ドリルを求める人はドリルそのものが欲しいのではなく、ドリルが空ける「穴」が欲しいのだ。

そしてもう一つ。「便益（ベネフィット）」が定義できたら、それを信じるに足る根拠も必要だ。それが「RTB（Reason to Believe）」。日本語にすると、信じる理由だ。自分のこれまでの実績や、資格、あるいはSNSのフォロワー数なんていうのも、分かりやすく公開された数字なのでRTBになる得る。

How……「どうやって」提供するのか？

誰に、何を、が決まったら次はどうやってその価値をお客様に届けるかを考えてみよう。商品・サービスを販売する、書籍を出版する、YouTubeで情報を公開する

……など

方法は無限にある。また、「誰よりも早くレスポンスする」「盛り上がる飲み会を企画する」なども Who、What につながり、相手にとって価値があるのであれば立派な How だ。

ブランド・キャラクター……君はどんな人だ？

ブランドとは、人の心を動かすものだ。心を動かされるからこそ、人は物を買う。ブランド人はもちろん、物や直接目に見えないサービスであっても、そのブランドからイメージするキャラクター（性格・持ち味）がどのように定義されているかによってターゲットの受け取り方が変わる。

Who、What、How はお客様の役に立つという現実な話だったが、キャラクターは好き嫌いに近いかもしれない。

さぁ、解説はここまでだが、どんなピラミッドが描けたかい？

――そもそも、描いたか？

ここで紹介させてもらった『苦しかったときの話をしようか』が出版されたのは2019年。すでに私が自著『ブランド人になれ！』を出した後だ。このときにはすでに自分なりのブランド論のようなものを持っていたので、私自身がこの本を通してブランドの作り方を学んだというよりは、「そうそう！　この考え方がすごく大事！」という強烈な同意に近い感覚だった。それでも、本を読みながらすぐに自分のブランド・エクイティ・ピラミッドを描いてみた。そしてシンプルながらその効果に感服した。

当時私は「田端大学」と称したオンラインを主宰し、月に一度、ビジネスに関する講義を行っていた。ブランド・エクイティ・ピラミッドはそこに集まる人たちの強力な糧になると確信して、すぐに本を紹介した。

私はみんながどんなピラミッドを描いて見せてくれるのかワクワクして待っていたが、パラパラとしか出てこない。「どう？　ピラミッド描いてみた？」と声をかけてみると、「いやぁ、ちょっと忙しくて」「書こうとは思ってるんですけど……」と決まりの悪そうに苦笑いする。

〝田端大学〟創設時のブランド・エクイティ・ピラミッド

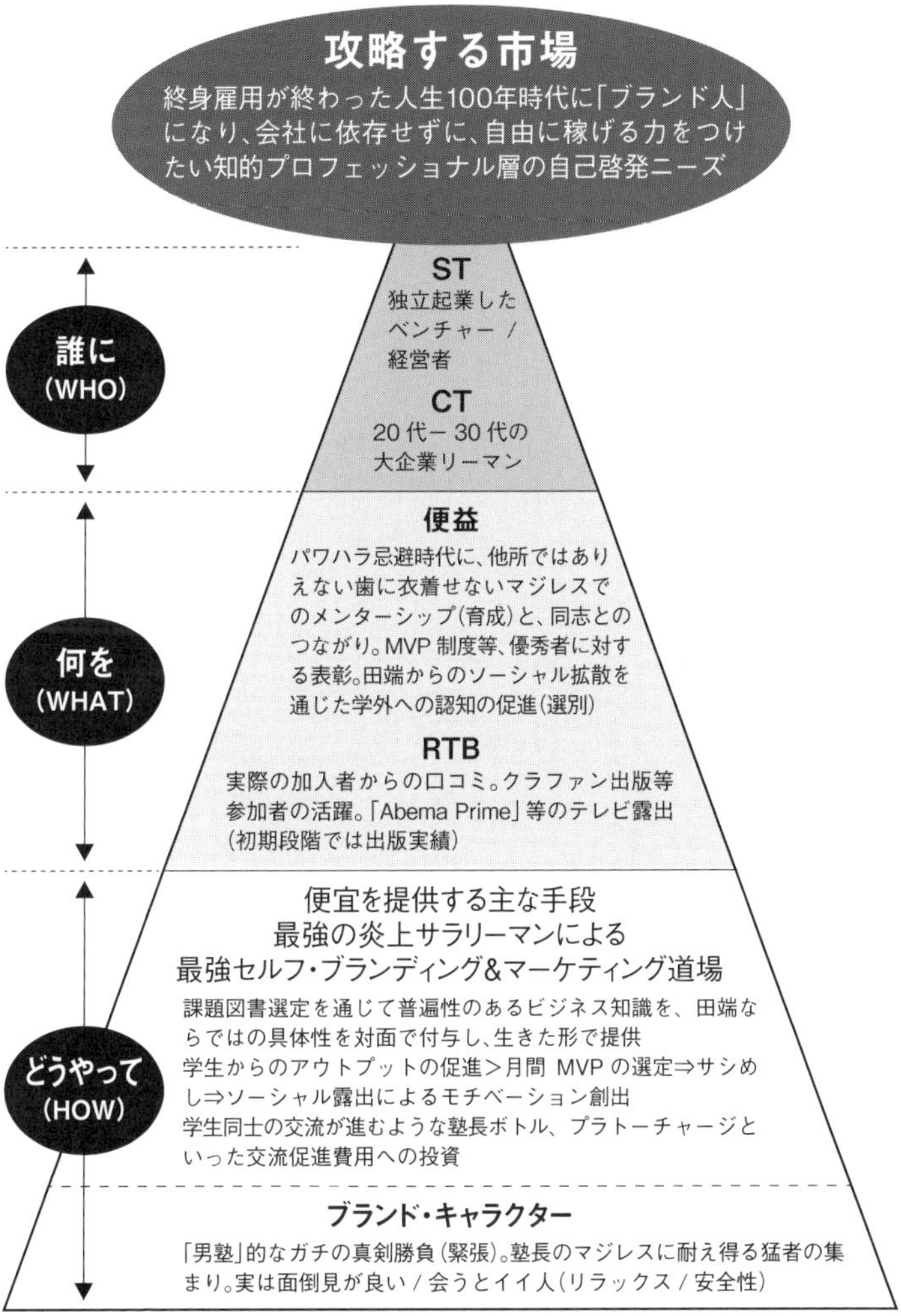
攻略する市場
終身雇用が終わった人生100年時代に「ブランド人」になり、会社に依存せずに、自由に稼げる力をつけたい知的プロフェッショナル層の自己啓発ニーズ
誰に (WHO)
ST
独立起業したベンチャー / 経営者
CT
20代－30代の大企業リーマン
何を (WHAT)
便益
パワハラ忌避時代に、他所ではありえない歯に衣着せないマジレスでのメンターシップ（育成）と、同志とのつながり。MVP制度等、優秀者に対する表彰。田端からのソーシャル拡散を通じた学外への認知の促進（選別）
RTB
実際の加入者からの口コミ。クラファン出版等参加者の活躍。「Abema Prime」等のテレビ露出（初期段階では出版実績）
どうやって (HOW)
便宜を提供する主な手段
最強の炎上サラリーマンによる
最強セルフ・ブランディング&マーケティング道場
課題図書選定を通じて普遍性のあるビジネス知識を、田端ならではの具体性を対面で付与し、生きた形で提供
学生からのアウトプットの促進＞月間 MVP の選定⇒サシめし⇒ソーシャル露出によるモチベーション創出
学生同士の交流が進むような塾長ボトル、プラトーチャージといった交流促進費用への投資
ブランド・キャラクター
「男塾」的なガチの真剣勝負（緊張）。塾長のマジレスに耐え得る猛者の集まり。実は面倒見が良い / 会うとイイ人（リラックス / 安全性）

ST:Strategic Target（戦略的に重要な顧客）
CT:Core Target(実際に買ってくれるターゲット顧客)
RTB: Reason To Believe（ターゲット顧客が提案されている「便益」が実際に提供されると「信じるに足る理由」、「説得力を持つ理由」）

――何で描かないんだ?

私は純粋に疑問だった。描きたくないと思うのであれば描かないという選択肢はもちろんある。しかしお金を払い「学びたい」と集まってきているのに、紹介された本も読まない、読んでもそこに書かれていることを実行しない。それなのに、何かが変わるのを期待しているのだから、意味が分からない。

紙とペンを用意して描くだけだ。今すぐできるだろう? 多くの人はこのはじめの一歩でつまずく。こんな簡単なこともやらない。理解力が悪いとか、能力が低いとか以前に、自分の手を動かそうとしない。

紙にも描けないことが、実現するはずなんてないのに……

初めからうまく描けなくたって構わないさ。というか、きっと最初は思うようにいかない。描いてみてはじめて、自分の解像度が低いことも分かるのだ。うまく描けないと思うのであれば、人に見せて率直なフィードバックをもらうといい。

私は、結局このブランド・エクイティ・ピラミッドの課題を、その後入ってくる全員への必須課題とした。完璧なピラミッドを描ける人なんてまずいない。ぼんやりして何が言いたいのか分からなかったり、便益が全然お客様の役に立つものでなかったり、「うまく描けなかった」とスカスカの内容で提出してくる人もいた。

それでも彼らは、最初の一歩を踏み出したという点では評価できる。自分でもうまく描けていないと思うものを人に見せるのは勇気がいることだ。しかし、フィードバックをもらい、何度も描き直していくうちに、ピラミッドの解像度が上がり、自分が何をすればいいのかが見えるようになる。

ちなみに、提出してもらったピラミッドには、すべて目を通して直接フィードバックをしていた。おそらく500人分は見たと思うが、それだけ見ていると、皆がつまずくポイントが分かるようになる。少しだけその内容を紹介しよう。

□長い。世の中は大混雑でその上、大忙しだ。みんな、君の話をゆっくり聞いているヒマなどない！　君の特徴を、一言で言うと何？

Twitterに書ける140字以内にまとめてやり直し。

□君の過去には誰も興味がない。「自分が何者か？」ではなく「自分は何ができるのか？　誰の役に立てるのか？」を伝えろ。

□商品や情報そのものは、便益にならない。それを得た人に具体的にどういうメリットがあるか？　それこそが便益である。

□市場やターゲットが幅広すぎてピントがあっていない。

□抽象的な言葉ばかりで、生身の人間として誰がどういう場面で、どう喜んだり、感謝したりするのかのイメージが湧かない。

□結局これで、いくらのお金を何人からもらって、月の収入はいくらになる？

□固有名詞や数値が具体的に出てこないので、信用できない。

と、まあこんな感じだ。もし君が父からのマジレスを受けたいということであれば、いつでも描いて持ってきてくれ。正面から向き合おう。

それから、ブランド・エクイティ・ピラミッドが紙に描けたら、自分の部屋なりトイレなり、すぐ目につくところに貼っておくといい。それだけで実現の可能性は格段に上がる。私もトイレに貼って毎日見ていた。

情報の落差を利用せよ！

人からお金をもらって何かを提供するときに重要なのは、君が何者かではない。君が何をできるか、だ。その人が誰だろうが、宇宙人だろうが、水虫だろうが、その人が何者かは、どうでもいいことだ。しかし「何ができるか」を自分で気づくのは難しい。そこで2つアドバイスをしよう。

まず1つ目。自分としては、当たり前にやったことで、他人からえらく感謝されたことを思い出してみるといい。得意なこと、というと「どうだ！　俺の超絶技巧！　見たか！」とドヤ顔で自慢できるようなスキルやテクニックを考える人が多いが、それは違う。むしろ「あれ？　こんな当たり前のことをやっただけなのに、なんかすごい感謝してくれてる……。その上、お礼にもらったお金もなんだか多すぎて申し訳ない……」と**引け目を感じてしまうような、自分にとっての「当たり前」の中にこそ、君の得意は隠れている。**商売の基本は、安く仕入れて高く売る、にある。これは労力という意味でも同じで、君が特に頑張らなくても、朝飯前でできるようなことに、一日中悩んで、苦しんでいる人は必ずいる。

たとえば、先ほどブランド・エクイティ・ピラミッドに対するフィードバックを紹介した。かなりストレートなコメントが並んでいたと思うが、私は常に率直に相手にフィードバックすることを心掛けている。本気のレスポンスという意味で「マジレス」と呼んでいる。このマジレスは頑張ってしているわけではない。私の性格というか、それが当たり前というか、マジレスしかできないだけだ。

私は、他人が傷つくからといって、真実を黙っていることができない！

そのせいで、何度も炎上した（笑）。

世の中にはこのマジレスをありがたがって貰いにくる人も少なくない。特に最近は、パワハラだなんだと問題視されるので、会社の中でも率直なフィードバックを受ける機会が減っている。すると私のように常に率直に意見を言う人間のところに、お金を払ってまでマジレスを受けに来る人が現れるのだ。なんだかSMクラブの女王様のような気分だ。

さて、自分の「できること」を発見するためのもう一つのアドバイスは、情報の落差を利用することだ。**自分は知っていて、相手は知らないことにこそ価値が生まれる。**

世の中を見渡してみると、大きく稼いでいる人はこの情報の落差を利用している。たとえば新しく駅ができる情報を聞きつけて、無知な老人から、安く土地を買い集める不動産会社なんていうのも典型的だろう。こんな言い方をするとネガティブに聞こえるかもしれないが、経済取引でインサイダーが禁じられているのは株式だけだ。株以外の相対取引の世界では、出し抜くよりも出し抜かれる方が悪い。

もう少し、君にも分かりやすい例で考えてみよう。たとえば就職活動の面接の場面。学生たちは「ＴＯＥＩＣで８００点です！」「サークルで会長をしていました！」なんて自己アピールに必死だが、大学生が社会人的な発想に合わせてアピールしたところで、面接官に「凄い！」と言わせるようなネタが出てくることは稀だ。

それよりも、目の前の面接官と優位な情報落差を作りだした方がいい。たとえばドローンを真剣に飛ばしたことがあるならば、面接でドローンのビジネス活用を語ってみるのもいいだろう。たとえ、物流会社の社員だろうが、ドローンを飛ばしたことのある面接官なんてほぼいないから「面白いな、こいつ」と思ってもらえる可能性が高い。面接本に書かれているお決まりのセリフを並べるよりも、「私には、あなたの持っていない知識・ノウハウ・スキルがありますよ」と伝えた方がよっぽど興味を持ってもらえるはずだ。

私も、この情報の落差を実感した経験がある。大学生の時の話だ。当時インターネットの世界に夢中だった僕は、デジタルハリウッドというマルチメディア系のクリエイターを養成する学校で、ウェブサイト・プロデュース講座のTA（ティーチングアシスタント）のアルバイトをすることになった。それまでやっていたTSUTAYAのバイトは時給750円。TAは時給1500円だった。私にとって魅力的だったのは、時給よりもむしろ「ネットが使い放題」になること。待ち時間は自由にパソコンを使ってネットサーフィンをしていいと聞き、飛びついたのだった。

そこには、近くの大手総合商社から、商社マンらしき会社員もよく通っていた。おそらく会社の上司から「これからはインターネットの時代になるから、お前ちょっと勉強してこい！」と放り込まれたのだろう。スーツをバシッと着こんだエリートサラリーマンに対し、こちらはTシャツに短パン、サンダルの大学生。それでも、その場では私が「先生」になるのだ。

商社マン‥「先生！　質問いいですか？　ここ動かなくなっちゃったんですけど」
私‥「あ、これはただのタグの閉じ忘れですね」
商社マン‥「あ、ほんとだ。動いた！　先生！　ありがとうございます！」

とまぁ、こんな感じである。私からすれば些細なことでも、いたく感謝されたのを覚えている。同じ会社に入れば、先輩社員としてヘコヘコしなければいけない相手になっていただろう人でも、情報の落差、知識の落差があるだけでこんなにも立場が変わるのかと驚いたものだ（もちろん、この図が成立した裏には、彼らが頭のいい人間で、私を年下だから、大学生だからと無下に扱わなかったことも大きい）。

無知が強みに、博識が仇に

若いうちは、「無知」であることが強みに繋がることもある。無知だからこそ、純粋だからこそ気づけることもあるのだ。

私の直感では、世の中の新入社員はだいたい3年目くらいまでは赤字だ。それでもなぜ多くの日本企業が大学を卒業したばかりの新入社員を採用するのだと思う？　お金をかけて教育をして、仕事ができる優秀な人材にやっと育ったと思ったら辞めてしまうリスクだってある。中途採用ですでに実績のある人を、その時その場で連れてきた方が効率が良いとは考えないのだろうか。

こんな話がある。

大きな水槽に金魚を１００匹入れる。最初は自由に泳がせておくが、途中で水槽の真ん中に透明のガラスで間仕切りをして、反対側には進めないようにする。

しばらく時間がたってから、その仕切りを外すとどうなると思う？　もうそこにガラスの板はないのに、金魚たちは反対側には行こうとしない。向こう側に行こうとしても途中で壁にぶつかる、という記憶ができているからだ。

この金魚たちに、再び反対側まで泳がせるにはどうすればいいだろうか？

そう。新しい金魚を入れるんだ。新しい金魚たちは、もともとあったガラスの板の存在を知らないので、気にせず泳いでいく。それを見た他の金魚も「あれ？　あそこの透明の壁ないの？」と泳ぐようになるのだ。

この話が生物学的に正しいかどうかは分からない。しかし同じように「実はそこにガラス板があると思われていたけど、もうなかった」という話は現実にもたくさんある。

「学習性無気力感」という言葉を聞いたことがあるだろうか。これは自分の行動が結果を伴わないことを何度も経験していくうちに、やがて何をしても無意味だと思うようになっていき、たとえ結果を変えられるような場面でも自分から行動を起こさない状態を言う。もともと水槽の中に入っていた金魚はまさにその状態に陥っていた。

若く、無知で何の知識もない君は、その状態を打破する可能性を秘めている。

空気なんて読んではいけない。「あそこには見えないけど壁があるから」と先輩に言われて「へぇ、そうなんですか」と物わかり良く、行かない人もいる。でもそれじゃあ、せっかくの無知ならではの強みが台無しだ。涼しい顔をして、無視して突き進んでしまえ。

無知だからこそ、ゼロベースで問題提起ができる。知らないことさえ、強みにしてしまおう。

揉めた時にこそビジネスのスキルは上がる

仕事での悩みの8割は人間関係にある、とも言われる。上司に叱られたり、取引先から無理難題を突き付けられたり、他部署が融通を聞かせてくれなくて、胃が痛くなる日が君にもくるのだろう。辛い、しんどいと思うかもしれないが、仕事なんて、実際のところ揉めてからが本当のはじまりだ。**揉めごとを怖がらなくなるだけで、ビジネスパーソンとして大きく成長できることは間違いない。**

かくいう私も理不尽な要求をしてくる取引先と、絶対に曲げない上司の間で板挟みになってしんどい思いをした経験がある。電話で怒鳴られるなんて当たり前。提案書を持って取引先のオフィスに向かったものの突き返され、また自分の会社に戻る。「何をそのまま帰ってきているんだ!」と再び放り出され、またトボトボと来た道を戻る。ハァーっとため息をつき重い足を引きずりながら、汐留の地下街を何度も往復していた。いまだにあの道を通る時には、当時が思い出され胃がヒュンッとする。

あの頃は辛くてたまらなかったが、板挟みになっているということは、自分の付加価値を出せるチャンスでもある。「これを解決するにはこうするしかありません！」と、誰も思いつかなかったようなアイデアを提案して、両方を説得することができれば、君の役目は単なる伝書鳩ではなくなるのだ。

そもそも、**何も揉めごとがないということは、ただのルーチンワークをやっているだけだ。そんなのただの作業だし、すぐに退屈してくるさ。**

「揉めごと上等！　トラブルこいや！」

くらい言えるように、どっしり構えておけばいい。もし君が、従業員を抱える経営者であれば軽はずみなことは言えないが、会社員であれば、事業が失敗しても、取引先と揉めても、最大のリスクはせいぜい「クビ」だ。死刑になるわけでも、資産を差し押さえられるわけでもないんだから、アグレッシブにいこう。

仕事とはお金を巡る共犯関係

会社は、君の理想の人生を実現してくれるための都合の良い装置ではない。会社からしてみれば、株主や経営陣が実現したいビジョンや経営目標を実現するために君がいるのだ。なので黙って待っていても、会社が自分の意を汲み、君が望んでいることを叶えてくれるなんて幻想はさっさと捨てることだ。そんなお花畑思考は、いつか素敵な王子様が迎えに来る！　と待っているおとぎ話のお姫様の頭の中だけでいい。

会社が君を利用するように、君も会社を利用すればいい。黙っていても会社は君のために動いてくれないのだから、どうすれば会社を動かせるかを考えてみよう。

たとえば、君が画期的なアイデアを思い付いたとする。「絶対にうまくいく！」という確信をもって上司に提案しても承認してもらえない。そんなときに「上司がバカだから、俺の意見が通らない」なんてふて腐れるのは一年生の発想だ。

会社にはそれぞれ意思決定の構造がある。どういう力学が働いて決定がなされているのかをまずはきちんと見極めることだ。その構造に則って、上司がダメなら、その上司を口説いたり、別の部署の管理力に相談したり、いろんな関係者をさりげなく共犯者として巻き込み、なんとなく皆が断りづらいようなムードを作っていくことこそ腕の見せ所だ。

こんなことは「卑怯だ！」と思うだろうか。でも、やろうと思えば誰にだってできるはずだ。そんな努力もせずに、あーだこーだ言っているだけのあまちゃんで終わってはいけない。**社内政治を無視して綺麗事だけを言っているだけの人間など、いつだって負け組だ。**「良いことをやりたきゃ、偉くなれ！」である。

仕事は持ちつ持たれつの関係にあり、いかに共犯関係を広げていけるかにかかっている。これは社内だけではなく、社外との取引でも同じだ。

「いやぁ、田端さんの言うことなら断れませんねぇ」と言われるような関係を築けているだろうか？

サントリーという会社は君も知っているだろう。ウイスキーやビール、ソフトドリンクまで豊富なラインナップを持つ大手飲料メーカーである。同社は年に1回、グランドプリンスホテル新高輪の飛天の間で、夏のビール商戦を前にテレビや新聞、雑誌、ネットメディアの関係者などを招いて決起集会を開いている。そこで社長自ら、メディア関係者にむけてこんな挨拶をする。

「私たちは宣伝の力を信じています。宣伝活動はサントリー1社だけでは完結せず、メディアの皆さん、広告会社の皆さんのアイデアや力が必要です」

君が新聞社から派遣されたスタッフだったとして、こんなメッセージを聞いたらどう思うだろうか。「宣伝活動の成功は、マスコミや広告会社など大勢の力があってこその賜物《たまもの》」という社長の言葉に、きっとみんなが高ぶるはずだ。

この挨拶は毎年夏の風物詩になっており、メディア関係者はいつしか、「いつもお世話になっているサントリーさんのために、弊社としても何かしたい」と自然に思うようになり、立派な共犯者に仕立て上げられる、というわけだ。

正直こそ最大のリスクヘッジである

仕事をしていく上では、やるべきことをやらないよりも、やってはいけないことをやることの方がその罪はずっと重い。**やってはいけないことの一つが「嘘をつく」ことだ。**どんなに小さなものでも、嘘をついたり、隠しごとをしたりするのだけはやめた方がいい。

そんなの小学生にも知っていると言いたくなるだろうが、これがなかなか難しいのだ。人は必ずミスを犯す。ミスをすると、つい隠したり、ごまかしたりしたくなってしまう。その気持ちは30歳になっても40歳になっても変わらない。

たとえば、「田端君、今日の朝にお願いした○○工務店へのメール、もう送ってくれた？」と先輩から聞かれたとき。

（あ、やべ！　忘れてた）

と焦るときもある。この時、中途半端にプライドが高いと、自分のミスを隠そうとしてしまう。「送りました！」なんて嘘をつき、その後、先輩が見ていない隙に送ったりする人もいる。

そもそも上司や先輩をナメすぎだ。顔を見れば「あ、こいつ、忘れてたな」とピンときて、後から送信履歴を確認することもある。こうやって嘘がバレると、上司や先輩との信頼関係にひびが入ってしまう。

小さなことだと思うかもしれないが、こんな小さなかけ違いから大トラブルに発展することは数えきれないほどある。意図的に隠しごとをする、嘘をつく人がいると、組織やチームとして一緒に仕事をしていくことが難しくなる。ミスは他人がカバーできても、嘘をつかれてしまえば、もうかばうことはできない。

もっと最悪なのは、先ほどの小さな嘘がバレずに事なきことを得た場合だ。こんなセコい成功体験を積み上げてしまうと、今度はより大きな嘘をつくようになってしまう。なので、私は小さな嘘を見つけたら、徹底的に叱るようにしている。それだけは絶対にやってはならないことだと強烈に印象づけるためである。

昔、君におつかいを頼んだら、釣り銭をごまかしたことがあった。その時にはこっぴどく叱ってこう伝えた。「自分のお金と、他人から預かったお金の区別もついていない奴は絶対にお金持ちにはなれない。釣り銭が欲しいのなら、まず一度全額を返した上で、『おつかいに行ったんだから、お駄賃をちょうだい』と正面から交渉しなさい」。君はずいぶん堪《こた》えていたみたいだから、分かってくれたと信じている。

ところで、私が嘘を許さないのは、道徳とかモラルの話ではない。**正直でいる方が絶対に得だからだ。**嘘を1回でもついたら最後、嘘ではないことを立証する責任が常に自分につきまとう。初めから正直でいれば、間違えることもないし、嘘の矛盾を考える必要もないし、八方美人を使いわけてボロが出ることもない。寝坊しただけなのに「ちょっとお腹が痛くて……」なんてくだらない嘘をつけば、その嘘を守るために大きなコストを払うことになる。小さな自分のプライドを捨て、常に正直にいれば、それが最終的に自分を守ることにもなる。

昔、部下がデータの数値が間違ったままの報告書を何十社ものクライアントに提出してしまったことがある。すぐにバレるような話ではなかったが、すぐに責任者としてその部下と一緒に謝罪に行き、すべての会社に訂正の報告を自らしたことがある。これに対して「筋を通してカッコいい」と言ってくれた人がいたが、裏側はもっとセコい話なんだ。

もし黙っていたら私はミスを隠蔽した共犯者になってしまう。今後その事実が明るみにでもなれば、業界のブラックリストに載り、転職すらできなくなってしまうリスクを瞬時に考えたのだ。

ミスを明るみに出すことにより、もしかしたら自分の評価が下がるかもしれない。しかし、正しいことをしていれば「自分は知った瞬間から、できうる限り、正しいことをやった」と胸を張って言うことができる。少なくともお客様や上司との信頼関係に決定的な亀裂が入ることは避けられる。そんな打算の上の「正直」だ。長期的な視点で考えれば、嘘をつくよりも、正直でいた方が絶対に得である。

私はこれまで色々な会社を渡り歩いてきたが、胸に手を当てて、自分の取るに足らないプライドを守るための嘘をついてこなかったと誓える。ミスをしたり、トラブルを引き起こしてしまったりしたことも少なくないが、なんとか助かってきたのは、誠実にいたからだと思っている。

また、私がインターネット上に顔も名前も出して、思ったことをズバズバ書いているのも、同じ理由からだ。顔や名前を出して危ないんじゃないか、批判されたら傷つくんじゃないかと心配されるが、実名顔出しで自分の意見を言うことこそ、最大のリスクヘッジになる。「**声の大きい意見は正しい意見。正しい意見だったら大きな声で言えるはず**」という田端家の家訓を、私は外でもちゃんと実践している。人を批判する時は、陰でコソコソ言うのではなく、表に出て堂々と言う。間違ったと思ったら、潔く謝る。悪口は良いが、陰口はいけない。

正直こそ、最強の戦略である。今日も大きな声を出していこう。

雇ってもらう姿勢だけはするな

会社と社員は対等な関係だ。ところが「会社に雇われる」という表現がある通り、会社が上で社員が下だと考えている人が少なくない。

たとえば「もっと給料を上げてほしい」と思いながら、給与の交渉をしようとしない。本当は家に帰りたいのに、なんとなく周囲の空気を読んで残業をする。自分から働きかけることもしないで、被害者意識を持ちながらやらされ感で働いている人があまりにも多い。

君は、会社の奴隷ではない。まずは自分は会社と対等であると言うことを自覚し、必要あらば交渉を仕掛けてみるくらいの心構えは持っておいて欲しいものだ。

交渉したところでうまくいくとは限らないが、黙って待っていても何も変わらないのは間違いない。

私がこうやって、会社に迎合しない価値観を持てたのは、就職活動をしていた時の経験が大きいと思う。

そのころ私は大学生のかたわら、企業のウェブサイトを作る仕事を業務委託でやっていた。HTMLを勉強し、見よう見まねで、現代に比べるとかなり素朴なサイトを作っていた。それでも、簡単な更新だけで1回5万円ももらえたりして、月に30万～50万円くらいの売り上げがあった。つまり、その辺の新卒社員の初任給よりも稼いでいたのだ。大きめの仕事が終わると委託元の社長が、西麻布の美味しい焼肉屋に連れて行ってくれた。田舎育ちの私にしたら天国のような環境だった。

一方、当時は就職氷河期と言われる時代で、周囲の友人たちは職探しにずいぶん大変な思いをしていた。そんな様子も知っていたので、今さらそんなに苦労して、手取り18万円ぽっちをもらったところで仕方ない、と最初は就職活動をする気はなかったのだ。

正月に実家に帰り両親にそんな話をしたら「何を言っているんだ！」と激高された。首根っこをつかまれる勢いで、スーツのAOKIに連れていかれ、「とにかく一回やってみろ」と半ば無理やり就活の世界に放り出されたのである。
（まぁ、みんなもやってるし、見学してみるか）
くらいの軽い気持ちで、就職活動をスタートした。周囲の友人たちが目を血走らせて面接に臨んでいる横で、私は気楽なものだった。ダメだったらウェブサイト制作のフリーランスにでもなろうと思っていたので、頭を下げて「入れてください！」と懇願する気持ちはさらさらなく、「落とすならどうぞ」くらいの気構えだったのだ。

面接官からすればかなりナメた態度だっただろうし、挑発的なことも言ったと思う。「俺はお前たちより稼いでるんだぜ！」と内心では面接官をバカにしながら面接を受けていたことをここに白状しよう。

隣の学生が「御社の〇〇に惹かれて──」といかにその会社が素晴らしいか語る横で、私はその会社のイケていないところを指摘した。面接官たちは私に対して、何と言ってきたと思う？　失礼だと怒る？　生意気な学生だと呆《あき》れる？　いや、身を乗り出して「君、面白いこと言うね」と興味を持って私の話に耳を傾けてきたのだ。

「この新卒採用のウェブサイト、ダサいですよ。これにいくらかけてるんですか？　え、100万円？　それ高いですよ！　そもそもこれ音楽流れてますけど、何の意味があるんですか?」

とその会社のダメなところを指摘すればするほど、面接官は面白がった。これは、のちに自分が面接する側にたって気づいたことだが、面接でその会社を褒めたところでその会社が君を採用すべき理由を証明したことには全くならない。就活とは自分を売り込む「営業」なのだから、「私が入れば、御社のこういう悪い部分をこのように改善できる」というアピールが必要なのだ。

思わぬ形で私の就活はうまくいった。と同時に私は激しく後悔した。**好きな会社を訪れ、そこで実際に働いている人に自分の意見をぶつけ、相手は真剣に聞いてくれる。そんなチャンスが他にあるだろうか。**「就活なんてさ、やったところでしょうがないでしょ」と斜に構え、せっかくの機会をむざむざムダにしていた数カ月前の自分を張り倒してやりたい気分だった。

会社と自分は対等である。その心構えで真正面から向き合ってみるといい。それができると、仕事はもっと楽しくなる。

議論の中で踊れ

仕事の中では関係者同士で意見が対立することもある。むしろ、全く同じ意見の人同士であれば集まる必要がないので、議論が起こっている方が健全だ。議論をぶつけ合ってこそ、自分の輪郭が見えてくるとも言える。

議論をするときに大切なことを2つ教えておこう。

1つは「ファクト（事実）」と「オピニオン（意見）」を分けることだ。ファクトとオピニオンを分離し、ロジックの整合性を意識しながら議論を進めるなんていうのは、あるレベル以上の人間がビジネスで話す時のマナーであり当然のルールだ。これができないと、口を聞く価値すらないバカだと思われても仕方がない。

もう1つは、喧嘩をする前にどれくらいの掛け金でいくかを考えておくことだ。ギャンブルにたとえてみるが、パチンコで「今日は1万円負けたら、素直に帰ろう」と決めておかないと、ズルズルと止めるタイミングを失い、結果的に10万円もスッてしまった、なんて事態になりかねない。人と議論を交わす時も同じだ。どこまで突っ張るかを先に決めておかないと、引き際を逃してしまい、内心「ここまで拘《こだわ》るべきことか……」と思いながらも、メンツを守るために、引くに引けなくなってしまった人を私はたくさん見た。負けた時のダメージを小さく抑えておく撤退ラインを常に考えておこう。

私は常に議論を求めている。しかし、意見を戦わせることを避ける人も少なくない。なぜならば、彼らの大半が「ファクト」と「オピニオン」どころか、「意見」と「人格」の区別ができていないからだ。意見を批判しているのに、人格への攻撃だと誤解し、勝手に傷つく。私は意見と人格を分けて議論をしているつもりだが、中には「あいつはズケズケと人の意見の批判してくる怖い奴だ」という印象を持っている人もいるようだ。

論破されたって構わないじゃないか。「そうか！　そういう考え方だったのか！参りました！」と素直に認めればいい。でも、論破されたからと逆ギレするのは、間違いを認める以上に恥ずかしいことで、プロ失格の烙印を押される行為である。

R25創刊直後で調子に乗っている28歳の私

第5章

男であることを全《まっと》うする

自分の器の作り方

生きること自体を目的にしない

人間は誰しもいつか必ず死ぬ。遅かれ早かれ、一人の例外もなく必ず死ぬ。大富豪だろうが、世界を変えた天才だろうが、間違いなく死ぬ。つまり、「生きること」それ自体を目的にすると、人生とは必ず敗北に終わるゲームなんだ。

では、私たちは何のために生きているのだろうか。ヒトを「動物」だと捉えれば、もちろん子孫を残すためだろう。もう少し人間的な視点で見ると、**自分がいなくなっても残る何かをつくるためなのだ**と、私は考えている。お金なんてタダの数値にすぎない。そんなものは、残しても仕方がないし、死んでしまってからは使いようがない。もっと本質的な、何かだ。もともとそんなことをボンヤリと考えていたのだが、40歳を過ぎてそんな私の「死生観」はますます色濃くなった。

きっかけは、君と一緒に観たディズニーの映画『リメンバー・ミー』（2018年日本公開）だった。はじめは君がリビングで観ている様子をなんとなく眺めていただけだったのだが、気づけば私の方が深くのめり込んでいた。

映画のストーリーの中では「生者の国」と「死者の国」がある。生者の国で死んだ人は死者の国で生きていくのだが、生者の国で自分のことを覚えている人がいなくなると、死者の国でも死んでしまい、永久に消滅してしまうのだ。

「人は二度死ぬ」という言葉がある。一度目は肉体的な死。そして二度目は忘れられることによる死だ。大切な人が亡くなったときに「あの人は、あなたの心の中で生きているよ」と声をかけることがあるが、あれはその場しのぎの慰め以上の意味がある。自分を心の中で生かしておいてくれる人がいなくなった瞬間、その人は本当の意味で消えてしまう。

このように考えてみると、この世で何歳まで生きるかなんて、些細な問題にも思えてくる。普通の人は、死後50年か100年もすれば、現世で自分のことを覚えてくれる人はいなくなってしまう。すべての人の記憶から消え、死ぬ——。

一方で、多くのものを残し、多くの人の心に何か焼き付けた人は、あの世に行ってからも長く生き続ける。きっと聖徳太子やシェイクスピアは今も元気に生きているのだろう。君の尊敬するスティーブ・ジョブズをはじめ、偉業を残した人は短命だとも言われるが、あの世では無限に生き続けられそうだ。

君と『リメンバー・ミー』を観て以来、私は自分の死後のことをよく考えるようになった。

私も含めて、生きている人間はすぐに「お金」に惑わされる。だれがいくら儲けているだとか、あの会社は時価総額でいくらだとか、世界一の億万長者は誰だ、とかね。でもそれは、今この瞬間だけの話にすぎない。

たとえば、江戸時代に加賀藩は百万石の石高だったんだぞ、と言われてもピンとこないだろう？　それよりも、何を成し得たか――。たとえば金沢城や兼六園を作ったとか、和菓子の文化を遺したとか、加賀百万石がどんな文化や遺産を残したのかに興味が湧くのが自然だ。今を生きる私たちは自分や周囲の人・会社のお金事情についつい敏感になってしまうが、そんなことは100年後を生きる未来の子孫たちにとっては心からどうでもいいことに違いない。

私は、高校生の時に見た大成建設のCMが忘れられない。「地図に残る仕事。」という同社のキャッチコピーに深く感銘を受けたのだ。大成建設といえば、国立競技場や羽田空港などを手掛ける、超大手ゼネコン（総合建設業者）だ。この原稿を書いている、まさに今このときで時価総額が約９０２６億円。２０２１年の売上高は１兆５０００億円を超える。この数字だけでもとんでもなく大きな会社だということは分かるだろう。でも、本質はそこじゃない。

「パパはな、時価総額９０００億円の会社で働いているんだぞ」と言われたところで、子どもはまず何の話か分からない。大人ですら、「へぇ～」というリアクションが関の山だろう。

「パパはな、あの国立競技場を作ったんだ。パパたちの仕事はな、地図に残る仕事なんだ」と言われたら、どうだろうか。子どもたちは「パパ、すげー！！！」ときっと羨望の眼差しを向けることだろう。そして大人になってからも、国立競技場の前を通る度、その名前を聞く度に父のことを思い出すのではないだろうか。

国立競技場と比べるといささかインパクトが小さいかもしれないが、私がこうしてせっせと本を書いたり、YouTubeを更新したり、ツイートしたりしている背景には、誰かの心に爪痕を残す何かを、生きているうちに、一つでも多く残しておきたい、という気持ちが少なからずある。**今すぐどうこうなるとは期待していないが、もしかしたら何かのきっかけで10年後でも20年後でも、ふと思い出してもらえるかもしれない。そんなチャンスの種を少しでも多く蒔《ま》いておきたいと、人生の後半戦を迎えて考えるようになってきた。**

この世で早死にするつもりはさらさらないが、あの世でも長生きできるように、まだまだ泥臭く頑張ってみるつもりだ。

自己犠牲こそが人の器を広げる

「男は何のためになら死ねるか」――。

石原慎太郎と三島由紀夫。昭和を代表する二人の作家が対談した時のエピソードが、私は大好きだ。その対談の中で「男にとって最高の美徳とは何か」という話題になり、二人はそれぞれ手元の紙に書き出して、同時に見せ合うことにした。「せーの！」で差し出された2枚の紙には、どちらにも「自己犠牲」と書かれていた――。このことをきっかけに2人の豪傑は、さらに意気投合したのだそうだ。

器の大きい人間とは、涼しい顔で自己犠牲ができる人のことだと私は考える。自分のお金や時間、ときに命やそれに近い代償を他者のために平気で差し出すことが君にはできるだろうか。君は、大河ドラマ「西郷《せご》どん」の大ファンで、最終回では泣いていたが、西郷隆盛《さいごうたかもり》はその英雄だ！

おそらく君の身の回りで最も象徴的な自己犠牲の例は、母親だ。父親だって親だろうという野次が飛んできそうだが、母親のそれとはスタート地点がそもそも違う。女性は文字通り命をかけて子どもを産む。ときには命を犠牲にして子どもを産み落とす人もいるくらいだ。本人が「犠牲を払っている！」と思っているかどうかは別として、出産・育児は、自己犠牲なしではあり得ない。妊娠中の身体はきたるべき日に備えて、着々と変化を遂げていくし、生まれてからもとにかく忙しい。休みたいとか遊びたいとか自分の気持ちは脇におき、すべてをなげうって一心に赤ん坊に向き合っていかなくてはならない。

もちろん、生まれた後は父親も育児に関わっていくことになるのだろうが、私自身の反省も含めてあえて言うと、多くの家庭では母親と父親では子育てに対する当事者意識や覚悟のようなものが、特に初期の段階では全く違う気がする。私の中で、自分が父親であるという自覚というか確信が持てたのは、君が1歳を過ぎてあたりからだろうか。表情が豊かになり、動き回り、意思疎通ができるようになってようやく、人間と対峙している気分になった。

その点、母たちは、10カ月という妊娠期間を経て、すっかり母親としての器になっている。まだ宇宙人のような生物を相手に、粗相をされても、食事を投げ飛ばされても、ひっかかれても、大切な物を壊されても、笑って許し、またいそいそと世話を焼く。ときにはヒステリックに発狂したり、あまりの辛さに涙を流してしまう日もあるかもしれないが、それでもまた子どもと向き合おうとする。育児ほど、人間の包容力が鍛えられる場面はないんだ。

日本では、女性が出産し子育てすることで、キャリアがストップしてしまうことがある。実際に、出産後に職場に復帰したら以前のような仕事をさせてもらえなかったという話も耳にするし、小さな子どもがいる女性が就職や転職をするのは、少なくとも今の日本では容易ではない。「子どもがいる母親は、使いづらいし役に立たない」なんて平気で口にする経営者もいるが、私に言わせてみれば、なんともケツの青い未熟者の考え方だ。**親、それも母親になるという経験は、自己犠牲を学ぶこれ以上ない機会であり、育児を経験することで必ずその人の「人間の器」が広がる。その経験は、絶対に仕事の現場でも活きてくると私は確信している。**子育てがキャリアアップに有害であると本当に考えているのであれば、その人自身が、他の誰かの自己犠牲の上に自分が立たせてもらっていることに気づいていないのだろう。

たとえば上司になると、部下の尻拭いをしなければならない場面が必ず出てくる。器の小さな上司は、「何で俺が」と文句を言い、部下を切り捨てたり、自分に火の粉がかからないように逃げたりする。そんな奴が率いているチームが強いわけないだろ？

上司と部下といえば、毎回議論が白熱するのが、「上司は部下に奢《おご》るべきか」どうか、という話題。お昼ご飯や飲み会で、部下と割り勘をする上司がいるのだ。話には聞いていたが実態はどうなのだろうとアンケートを取ってみたところ、なんと割り勘が40％以上という結果が出て、私は卒倒しそうになった。なぜ奢らないのかを上司の側の人に聞いてみると、やはり理由の一番は「お金がない」ことらしい。なんてバカらしいんだろう。お金なんて、後からどうにでもなる。そもそも、飲み代すら払ってくれない、そんな簡単な自己犠牲もできない人が、もっと大きなピンチが訪れたときに、身体を張って部下を守ってくれるだろうか？　全額奢らなくとも、少し多めに払うくらいはしてもいいのではないか？　お金があるないの話ではない。これは上司としての覚悟の話なのだ。

君にはハッキリと言っておこう。ケチな人間は大成しない。お金を払うという後から埋め合わせのしやすい自己犠牲すらを厭う小さな人間はそこそこで終わる。

器が小さければ、そこにどれだけたくさんの水があったとしても、結局は自分が持っている器に入る少しの水しか手元に残すことができない。お金や人望や幸福を願う前に、まずは器を広げる努力が先だ。

男として、女として、最大のタブーとは何か

ヤクザ映画を見ていると、親分のために、子分のためにと、自らの命を犠牲にする姿が、男の美学と言わんばかりに描かれている。戦争映画にも似たような描写がよくある。仲間を助けるために、自分の命をなげうってでも危険なところに飛び込んでいくのだ。そしてそんなエピソードを「美しい」と思ってしまう自分がいる。しかし私が男同士の絆《きずな》のストーリーに感動している横で、妻はたいてい白けた顔をしている。男と女の中で、人としての格好良さや美徳は根本的に違うのではないか、と感じる瞬間だ。

断っておくが、私は男性同士が肩を組んで「男ってこうだよね」と肩を組み合いウェイウェイする男子校ノリが苦手だ。男性だ女性だと性別で切り分ける考え方も良しとはしない。しかし、**自分の人生を振り返り、そして妻と結婚し、娘が育っていく過程を見ながら、やはり「男としての生き方」と「女としての生き方」には大きな違いがあると感じずにはいられない。**これはどちらが良い悪いの話ではないし、近年は

その境界線が曖昧になってきているとは思うが、見ないフリをする類のものではないと考える。

私には女性の世界の詳しいところまでは分からないので、あくまで観察の範囲で言えることだが、女性、特に母親にとって最大のタブーは「子どもを捨てること」ではないだろうか。加えて、自分のために子どもを犠牲にしたり、子どもをダシに使ったりすることも含めていいだろう。母親としての責務を全うしようとしない女性に対して、女性はとにかく厳しい。禁忌を犯そうものなら、女性コミュニティからは一生追放されることになるだろう。

男同士が考えるタブーはまた違う。**男にとって最大のタブーは「仲間を見捨てること」だ。**仲間を見殺しにしたり、仲間を売って自分だけ助かろうとしたりするなんてことはあり得ない。それをやってしまうと、「最低」のレッテルを貼られ、死んでからも後ろ指を指されることになると言っても大げさじゃない。しんどい時、苦しい時こそ男としての真価の見せ所。ここで仲間を置いて逃げ出すことほど、不名誉なことはない。

一つ、私の話をしよう。私は以前、ライブドアという会社で働いていた。ライブドアとは君もよく知るホリエモン（堀江貴文氏）が創業したインターネットメディア会社で、新進気鋭のベンチャー企業として、賛否両論ありながらも連日メディアに取り上げられていた。当時ノリに乗っているその会社で私は、ライブドアニュースの責任者として働いていたのだが、ある日、大事件が起こった。社長が証券取引法違反で逮捕されたのだ。通称「ライブドア事件」と言われるこの事件の細かい内容は割愛するが、この事件をきっかけに、会社の信用は地に落ちた。上場は廃止され、グループ会社は離反し、六本木ヒルズに構えていたオフィスは出て行かざるを得なかった。どこへ行っても「ライブドアはお断り」状態。まさに沈みかけの泥舟状態で、周囲の人からは「辞めないの？」と何度も言われた。

しかし、私は辞めなかった。現実的に考えれば、さっさと辞めて新しい職場を探したほうが堅実と言えたかもしれない。しかし、会社が傾いたからといって自分の保身のために去ろうとするのは、とてもカッコ悪いことのように思えたのだ。それから4年が経ち、私は次の会社に転職することになったが、あの時傾きかけた会社を放り出して逃げなかったことが、結果的に私のキャリアにプラスに働いていることは間違いない。誰もが知る大事件。そんな修羅場で「田端は逃げなかった」という事実は、重いのだ。

奢る・奢らない、自己犠牲論、逃げないこと……。どれをとっても君にはむさ苦しい根性論に聞こえて嫌気がさしているかもしれない。私だって本音を言えば、自分の身銭を切るのは楽ではないし、「もう嫌だ！」と匙《さじ》を投げたくなるときもある。しかし、**どうしようもできないという、しんどい時こそ、その人の真価が問われる瞬間だ。**

もしかしたら君にも憧れている、かっこいい先輩がいるかもしれない。「こんな風になりたい！」という理想のロールモデルがいるかもしれない。**彼らは「かっこいい」の裏で、きっとやせ我慢をしている。女性だってそうだ。美しく、誰からも好かれるような人は、その裏でちゃんと努力をしている。**

楽を選び、不名誉な「ダサい男」の称号をもらうか、やせ我慢をしながらカッコいい男の生き様を目指すか――。

私は、後者の生き方が好きだ。

負けることは「恥」ではない。「逃げ癖」が人を腐らす

男の人生とは「闘い」の連続だ。これはきっと本能的なものなのだろう。まだ4歳、5歳の小さな子どもたちを見ていても、男の子たちはいつも何かしら戦っている。殴ったり蹴ったりのケンカだけでなく、誰が一番足が速いとか、どっちが先にご飯を食べ終わるかとか、なんでもありだ。ときに子どもたちの方が残酷に優劣をつけ、上下関係を築こうとしていることさえある。

さて、二人の男が戦えば、必ずどちらかは敗者になる。しかし、少なくとも男同士のコミュニティにおいて、全力を尽くして勇敢に戦い、結果として敗者になることは決して不名誉なことではない。最も不名誉なことはさっきも言った通り、逃げることだ。**一度逃げた人は、逃げ癖がつき、人生の中で壁にぶち当たるたびに、挑戦するのではなく、逃げる道を選択するようになる。まさにヘタレの生き様だ。**

そしてもう一つ。戦いの後の態度も見られていることを意識しておくべきだ。互いに

全力を出して戦いきったのであれば、勝者も敗者も、相手を認め讃えること。これは戦いに挑む人間としての、最低限のマナーである。

もちろん、負けると悔しい。しかしそれ以上に、自分に勝った相手に対して、「お前はすごい！　俺の思いをお前に託す！」という言葉にできない連帯感を抱いたことが君にもあるんじゃないだろうか。勝者は勝者で、「お前たちの思いは、俺が引き継いでやるぞ！」と背中にたくさんのものを背負って、次の戦いに挑んでいく——。

どんな戦いであっても、戦いの後はノーサイドで、がっちり握手。それが、あるべき姿だと、私は思う。国と国との戦争であっても、戦死者を敵味方区別なく弔う。それは、死力を尽くして戦った相手への最低限の礼儀だ。まれに、負けた相手をこき下ろしたり、死体を蹴るような行為をする輩《やから》もいるが、これ以上なく胸糞悪いことだ。これは、西洋東洋関係なく、全世界共通の認識として覚えておいてほしい。

恥をかき続けられる人は死ぬまで成長する

さて、先の話に出したライブドア時代の私の上司、堀江さんは、一度逮捕こそされたものの、すでに刑期を終え、今も多くの人に影響を与えているインフルエンサーであり、多数の事業を手掛ける実業家である。分かりやすく言えば、超すごい人だ。ところが、だ。そんな堀江さんはよく、（傍目に見れば）バカなことをする。

黄色い帽子にランドセルを背負い、ジャポニカ学習帳を手に小学生に扮してお笑いコンテスト「R-1グランプリ」に出場したかと思えば、イケているのかイケていないのか分からない歌を突然リリースする。ヌード写真集を出したときには、さすがの私も「堀江さん、何やってるんですか……」と唖然《あぜん》としてしまった。どれもノリでふざけてやっているのではなく、ものすごく真面目に取り組んでいる。強調しておくが、彼はトップクラスの実業家であり、資産家でもあり、そんな風に地べたを這《は》いつくばるようなパフォーマンスをしなくても、生活には全く困らない人物だ。

奇行に走る彼を見て、「あいつはバカだ」と世間の人は指をさして笑う。違うんだ。逆なんだ。堀江さんは、本当に頭がいいからこそ、あえて人から「なんであんなことをやっているの？」と笑われるようなことを意識的にやっているのである。恥をかくことも厭《いと》わず、自ら道化を演じるというのは、普通の人にはなかなかできることじゃない。

「先生と 呼ばれるほどの馬鹿でなし」という川柳がある。世の中には「先生！」と呼ばれることで、自分が偉くなったといい気になっている人が実に多い。また、やたらと「先生、先生」と、大して尊敬もしていないくせに相手を持ち上げようとする人もいる。そういう人たちを皮肉った言葉だ。

自分はすごい、自分は偉い、自分は立派で敬意を払われるべき人間なのだという自意識は、人を退化させる。自分の自信の源を他者からの評価や、学歴・勤めている会社・家柄などの社会的なモノサシにおいてはいけない。周囲からもてはやされ、優越感に浸っているうちに、くだらないプライドばかりが肥大し、自分の実体はどんどん縮小していく。自分に自信があるのは良いことだが、うぬぼれからくるプライドはいただけない。「この俺がそんなことを？」というくだらない自尊心が邪魔をして、行動できなくなるからだ。

堀江さんの部下として働いたのはもう20年近く前になるが、私は今も彼から多大な影響を受けている。堀江さんは毎年クリスマスに「クリスマス・キャロル」という舞台をやる（私も何度か観に行かせてもらったが、食事も美味しいし、劇も本格的で面白いので、一度行ってみるといい）。毎年、クリスマス前になると堀江さんから「舞台やるから観に来てよ」と個人的にメッセージがくるのだ。このメッセージは私が目をかけていた部下だから特別に送ってきてくれているわけではない。私以外の知り合いにも、きっと何百人にメッセージを送っている。

この話を聞いて君はどう思うだろうか。

もしかするとまだ「それが何？」と首をかしげるだけかもしれない。YouTubeチャンネル登録者数約160万人、Twitterフォロワー350万人。おそらく日本でその名を知らない人はいないほどの超有名実業家が、自分で、一人ひとりに個別で営業をかけていることの凄さが君に分かるだろうか。

ＳＮＳでそこそこ知名度が上がったインフルエンサーも、それなりの規模に成長した会社の社長も、いつのまにか昔の地道な努力を忘れていく。周囲の人にチヤホヤされ膨れ上がったプライドが「一人ひとりに自分から連絡するなんて、必死過ぎて、なんだかカッコ悪くない？」「ダサいって思われそうじゃない？」とささやいてくる。そしていつしか成功の梯子《はしご》ははずれ、転落していくのである。

何歳になっても、どれだけ肩書きが偉くなっても、「恥をかく」ことを恐れてはいけないのだ。恥をかくような行動を起こさなければ、結果はついてこない。恥をかき続けられる人は一生成長するし、恥ずかしいだなんだと躊躇する人はそこまでだ。

堀江さん、そしてZOZO時代の上司である前澤友作さん。私は日本でもトップクラスの経営者・リーダーを間近で見る機会に恵まれたが、**本当にすごい人は、常に自分が「裸の王様」にならないように細心の注意を払っている。**王様はパンツ一丁で町を歩いているのに、周囲には誰もそれを指摘してくれる人がおらず、知らないのは本人だけ。ようやく本当のことを言ってくれる人が現れたときには、取り返しのつかないほどの大失態を犯したあと。あのお話はあくまでフィクションだが、似たような状況は大人の世界にはごまんとある。

もし、君が今、恥をかいたことがあると思えないのであれば、それは君が完璧な人間だからではない。自分の知らないところで笑われているだけだろう。

コンフォートゾーンから出よ。痛いところと向き合うことが糧となる

「40歳過ぎて金髪なんて痛い」

「早口で何を喋《しゃべ》ってるか分からない」

「歯並びが悪い」

「田端さん、太った?」

「焦んなよ」


私のYouTubeのコメント欄には、そんなあまりにも直球なコメントが多数届く。そんなこと妻や親にだって言われないのに……。

君はその状況をどう思うだろうか。ひどい言葉を投げつけられてかわいそう? 煽るような発言をするのが悪い? 罵詈雑言のコメントなんて見なければいい?

自分の父親が誹謗中傷されていると知り嬉しいとは思わないかもしれないが、少

なくとも私はこの状況を決して辛いとは思っていない。むしろ、楽しいし、嬉しいのだ。なぜなら、日常生活では絶対に、誰もこんなことを言ってくれないからだ。

「コンフォートゾーン」という考え方がある。これは自分にとっての快適な空間、自分の安全地帯のようなものだ。たとえば男子校の男子生徒にとっては、男ばかりの空間こそが居心地の良いコンフォートゾーンだ。女子がいる空間に行こうものなら、ドキドキが止まらなくなってしまうらしい。

人にはそれぞれ自分だけのコンフォートゾーンがある。ゾーンの内側にいるうちは、ストレスも少ないし落ち着いて過ごすことができる。しかし、**いつまでもコンフォートゾーンの中にいては、人生は何も変わらない。世の中は常に変化し続けているのだから、自分が変化していないということは、それはすなわち退化を意味する。**

ところが、このコンフォートゾーンは、冬のコタツのようなもので、入っているうちはとにかくぬくぬくと心地が良い。「早くここから出て、動き出さないと……」と頭では分かっていてもついつい誘惑に負けてしまいがちだ。自然に抜け出るのはまず無理なので、気合いを入れて飛び出るしかない。

コンフォートゾーンから抜ける最短の道は、プレッシャーにさらされることだと私は考えている。人はプレッシャーを感じなくなったら終わりだ。そういう意味で考えれば、経営者や政治家というのは（個人的な好き嫌いは置いておいても）、すごい存在だ。少し何か目立つことをすればすぐさま批判される。批判も正当なものから、ただの中傷までさまざまだ。中傷されるというのは決して心地良いことではない。がしかし、そうした罵詈雑言《ばりぞうごん》の矢面に立たされることで、否応《いやおう》なく自分の客観的な評価を知ることができるし、世間の人がどのように感じているかも分かる。すべてを鵜呑みにして気に病む必要はないが、「へ〜こういう風に感じる／考える人もいるんだなぁ」と勉強になるし、自分をフラットな目線で見つめ直す良いきっかけになる。

私に対して一生懸命、ネット越しに誹謗中傷を書き込んでいる人は、それで自分の人生が豊かになることはないが、私は批判や誹謗中傷にさらされることで、日々、気づきを得て成長するキッカケを貰っている。

だから炎上は怖くない。むしろ40歳を過ぎた中年のおっさんに誰も率直なフィードバックなんてしてくれないのだから、たまに炎上でもして、罵詈雑言の嵐に自分の身を晒《さら》さないと「裸の王様」になってしまいそうで、そちらのほうが恐ろしい。

不都合な真実から目を背けたところで、目の前の現実は変わらないのだ。そうであれば直視して、受け入れよう。どんなに受け入れがたい評価であっても、自分に対して言われることはすべて、自分を映し出す鏡である。そのすべてを糧にしてしまえ。

女性への畏怖と違和感の正体

ここまで、「男とは」という、ずいぶんむさくるしい話を続けてきた。一方で周りを見ていれば分かる通り、世の中の半数は女性なのである。女性を軽視する会社は大きくならないし、女性を知ろうとしない男は大成できない。

とはいえ、男にとって女性とは、まるで摩訶不思議な生き物だ。目に見える身体の特徴も違えば、脳のつくりさえ違う。同じものを見ても、男性脳と女性脳では、香りも色も見え方さえも違っているそうだ。であるわけだから、男性同士以上に、女性に対しては、私たちは相手が考えていることが分からない。こちらからずいぶんと歩み寄ってようやく、「片鱗が見えたかな?」というわずかな達成感を得られる程度だ（これは、女性が男性を見る時も同じだと思われる）。しかし、分かろうとする努力を諦めてはいけないのである。

私の父は、典型的な理系の研究者タイプで、口下手な方の人間だったのではないかと思う。仕事においても、知識と技術を生かして、自分の持ち場では頑張っていたようだったが、社長や役員へ！　というほどの出世はできなかったようだ。なにせ父はあまり自分のことを語らないので、この歳になっても親父がどんな思いで、どんな仕事をしていたのか、私は詳しくは知らないのだ。とにかく、ありがたいことに生活に困るようなことはなかったものの、客観的に見て大成功しているとは言えなかった。

小学校5年生のとき、そんな父のことを母がこのように評した。
「貴方のお父さんは悪い人じゃない。むしろ人間的には、いい人なの。でも、女性の気持ちってもんが分かっていない。世の中の半分は、女性なんだから、女性をうまく使えない男性は、上に行けない」――。

なぜ母が突然こんなことを言い出したのか、またその言葉の意味も文脈も、当時の私にはよく分からなかった。しかしこの言葉は、よく分からないなりに私の中に楔《くさび》のように打ち込まれ、ことあるごとに思い出された。特に社会人になりさまざまな人と出会う中で、私の頭の中で何度もこだました。

女性を使う、という表現が正しくないことは分かっているが、ここはあえて母の言葉を借りてそのまま話を進めたい。私は自分が「女性をうまく使えている」とはまだまだ思わない。しかし周囲を見渡してもこの母の言葉は核心を突いていると、今なら分かる。

たとえばビジネスにおいても、男ばかりでやっているところよりも、うまく女性を巻き込んで、男性女性それぞれの強みを活かしたチームで動いているところの方がはるかに強い。一昔前まで、仕事とは男性がするものであり、女性は家庭のことに集中すべきである、仕事をするにしても男性の補佐的な仕事ぐらいしかできない、という考え方が一般的だった。その時代を生きる多くの女性たちの知的好奇心や優れた頭脳が埋もれてしまったことはとてももったいないことだ。

私もこれまでの人生で多くの女性と一緒に仕事をしてきたが、彼女たちの中には、ずば抜けて優秀な人材がいる。もちろん男性にも優秀な人とそうでない人がいるように、一言で女性と言っても両方ある。

私が仕事を通じて、一緒に働く女性たちを観察していて気づいた真実がある。**女性の「ダメな男を見抜く目」は異様に発達しているのだ。**男同士であれば、イケてる、将来が楽しみだと思えるような人に対しても、女性たちが一丸となって「あれはない」

と否定することがある。そしてその評価が正しいことは後に分かる。これはよく考えれば当たり前のことで、女性はダメな男の子どもを妊娠したときのリスクが高いからこそ、そういう男に当たらないように最大限の警戒をしなくてはならないのだ。生物として本能的に備わっている能力なのだろう。男はむしろ、「ダメな部下・後輩の尻を拭《ぬぐ》ってやってこその漢気だ」と言わんばかりに、擁護し守ろうとする面もある。まぁ言わば男子校ノリだ。でも、それが良いときもあれば、後に自分たちの首を絞めることになることもある。

最近はこうしたジェンダーに絡む話をするとすぐに炎上してしまう。特に女性の権利を守ろうとする流れがどんどん強くなってきているので、それに反すると感じられるようなコメントをした日には非難轟々《ごうごう》だ。ときには女性を褒めているときでさえ「すべての女性が同じように結果を出せるわけじゃないんです！」と女性から怒られることもある。難しいものだ。

もちろん結局は個人差が大きい問題なので、性別だけですべてが語れるわけじゃない。ただ、性差による傾向は間違いなくある。たとえば「女性は男性に比べて背が低い」、これは女性蔑視にあたるだろうか？　学校保健統計調査（令和3年度）によると、17歳の男子平均身長は170・8センチ、女子の平均身長は158・0センチだ。つまり、事実として女性は男性よりも平均的に背が低いのだ。この事実を指摘しただけで「女性のほうが男性より背が低いなんて決めつけないでください！」と怒りのリプライが届いたり、背が高い女性のことを「女性で180センチもあるなんてすごい！」と書くと、「女性は全員背が低いと思わないでください」「180センチ以下の男性の気持ちを考えてください」などとよく分からない注文が入ったりすることがある。

まあ、身長の話は分かりやすく極端な例だが、こんな調子で議論にもならないクソリプで今の日本はあふれている。男女平等を実現するために女性の権利を守るはずが、場合によっては女性の権利を守るために男女平等の原則が崩されていることさえあるのだ。

私は、母や妻、そしてこれまで出会ってきた多くの女性たちを尊敬している。

しかし一方で、世の中で巻き起こっている議論に対して、おかしいと思うことにはたとえ女性たちの意に沿わない意見であったとしても、今後も積極的に声を上げていきたい。この両立をなかなか理解してはもらえないのだが……。

「人が動き、社会が動く」――その力を君も持っている

「ねぇ、なんで、そんなに激しくキーボード叩かないといけないの？」

ある日、リビングの脇のダイニングテーブルでノートパソコンを開きTwitterで必死に言論バトルを繰り広げていた私に、ドラマを見ている妻が鬱陶しそうに尋ねた。君たち家族にさえすっかり呆れられてしまっているが、私は情報発信を止められない。その熱量はキーボードを叩く指先に物理的な意味でも、力がこもっているようだ（妻に指摘されるその時まで、自覚はなかった）。

私がTwitterやYouTube、あるいはこうして書籍での発信を続けるには理由がある。一つは先も述べたように、**自分が生きた爪痕を残したい**という思いがあるからだ。

そしてもう一つは、私が47歳となった今でも、どうしようもなく「メディア」に魅せられ、その可能性を信じているからだ。本屋さんに通いつめ、ラジオが流れる音を子守

歌に眠りについた少年時代も、中古レコードショップでレコードを漁り、夜はネットサーフィンに勤《いそ》しんだ大学生時代も、そして大人になってからも私はずっとメディアというものに取りつかれている。「R25」というフリーペーパーをゼロから創刊し、ライブドアではニュースの事業責任者となり、その後は世界でもっとも影響力のあるファッション誌『ＶＯＧＵＥ』を発行しているコンデナスト・ジャパンという出版社でデジタル部門の立ち上げもした。自称・メディア野郎だ。

メディアと聞くと、テレビや新聞、雑誌、ラジオ、スマホアプリなんかを真っ先に思い浮かべると思う。しかし、私が考えるメディアとはもっと意味の広いものだ。「何かを伝えたい」という思いを持った発信者がいて、それを受け取る相手がいる。発信者の思いを伝達する「媒体・媒質」となるものこそが、（広義の）メディアである。そういう意味でとらえると、テレビや新聞だけではなく、ＳＮＳはもちろん、個人のブログも、手紙も、町内の回覧板も、高架下のトンネルの壁だって立派なメディアだ。

　そして忘れてはいけない大事なポイントだが、**私や君自身、つまり「人」も、メディアという媒体になり得る。**私のメディア論は話すと長くなるので、詳しくは私の著書

『ＭＥＤＩＡ　ＭＡＫＥＲＳ』（２０１２年　宣伝会議）を読んでほしい。一字一句自分で吟味して原稿を書き、出版社に自分から売り込んだ私の処女作だ。

メディアを通して「人が動き、社会が動く」。私はこのメディアの力に深く魅せられたのだ。今はインターネットが普及し、誰もが簡単にメディアとなり得る時代。自分がどのように発信するかで、人々の反応が大きく変わる。実際には会ったことがない人にまで影響を及ぼすことさえできてしまう。私にはそれが面白くて仕方ない。それが君の父の生き様《ざま》だ。

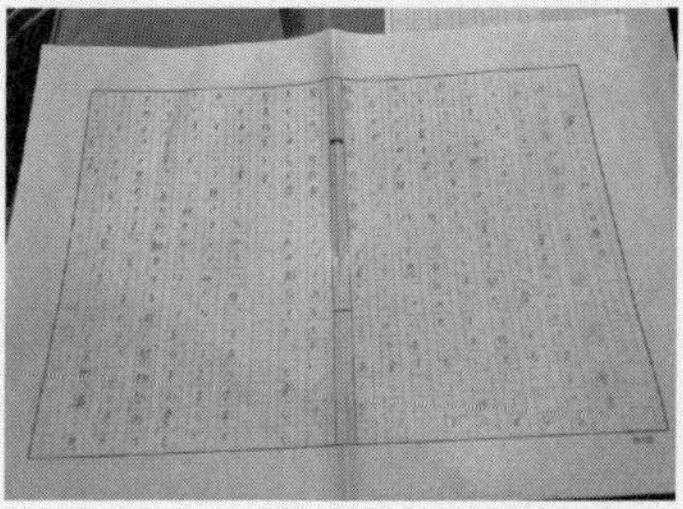

アメリカ旅行の車中で長男が書いた宿題の作文(原文)

「楽しさは自分が原点」

みなさんはこんな言葉を口にした覚えはありますか「つまらない」や「楽しくない」などです。実際この言葉は人間ならほとんどが用いたことがあると思います。しかし、僕はこの言葉を聞いた時、「自分のせいだろ」とほとんどの人間に対して思っています。

なぜかというと「いつでも一日を楽しく、特別にするのは自分」だからです。あくまで周りは「時折楽しくしてくれるもの」です。しかし自分が楽しければ周りもきっと楽しくなるはずです。

それでも楽しくなれない時ってありますよね。そういう時は自分が好きなことをするべきです。だって好きなことってたいてい楽しいもんです。あと行動をする時に禁物なのはネガティブ思考です。よくネガティブに考えてしまっている人を見てすっごく不思議に思っています。

だって物事楽しくやるためには物事をとらえなければ元も子もないのです。

たとえばみんなは「テストがあまり良くなかった」としたらどうとらえますか?

まあ、人間なんでだれしもが「わあ〜、もうテストの点数おわった。最悪や〜」ってなりますよね。でも、大事なのはその後です。「まって!テストが悪かったってことは、自分がわからないところ、沢山みつかったあ〜」ってなれるかです。まあここまでとは言いませんが「あ〜、おわった…自分にはムリだあ〜」なんて考えても仕方ありません。むしろ次も悪くなってしまいます。受けとめるべき欠点だけ受けとめ嫌なことは寝て忘れましょう。

みなさん、「余命10年」という本を基にした映画は知っていますか。とても良い映画でした。そして、その映画の中にはこんな言葉が出てきました。「あなたは残りの人生が10年だったらなにをしますか」。僕はこの問いに答えるとしたらこう言います。「自分らしく!楽しむ」そうすると人生の密度が上がるからです。人生は長さではなく、密度なのです。今のZ世代、人生１００年時代、世の中には色々な物であふれ返っています。時には失敗だって良いんです笑えれば良いんです。

人生、いつ終わるかわからないのです。

終わりがあるからこそ、人生は尊い

「なんか、寂しいね」

あのキャンピングカーでの長旅の後、成田空港に戻り、ターンテーブルで拾った荷物をカートに乗せて押しながら、君がぽつりとそう言った。確かに、気持ちは分かる。しかし何事にも終わりはあるのだ。私の人生にも、君の人生にもいつか終わりが来る。終わりがあるからこそ、人生は尊いのだ。

私が君の父である事実は、今後も変わることはない。しかし父と息子として、毎日顔を合わせて親子で暮らす当たり前の日々は、私が思っていたよりもずっと早く終わった。

「俺、寮に入るよ」

12歳、中学生に上がる君が選んだ進学先は、家から電車で2時間半の寮制の中学校だった。「進学先は自由に決めていい」と言ってはいたものの、合格したいくつかの学校の中から、あっさりとこの学校を選んだときには内心驚いた。

12歳という年齢で、自ら寮に入るという選択をした君の度胸と独立心に誇らしさを感じるとともに、当たり前にあると思っていた君との日常が、私が思っていたよりも早く終わりを迎えることに少しだけ動揺もした。

2022年4月6日。私と妻と君、三人で電車に乗って君が進学する先の中学に向かった。入学式を終え、君は寮の部屋に入り、帰りは妻と二人で電車に乗って東京に戻ってきた。

2022年夏のキャンピングカーの旅に終わりが来たように、すべての物事には、いつか終わりがくる。永遠なんてものはない。当たり前の日々もいつか必ず終わりがやってくる。だからこそ、一日一日を悔いなく生きてほしい。死ぬ寸前に病院のベッドから、天井を見上げ「もっとこうしておけばよかった！」なんて後悔する人生だけは歩むなよ。

さぁ、男の生き方という暑苦しいテーマで進めてきた本章だが、最後に、君の大好きなマンガ「宇宙兄弟」のセリフを借りてこの章を終えよう。これからの君の人生に向け、あえて一言だけに絞り込むなら、これしかない！　という父からのメッセージだ。

男なら、親父より楽しめ！

男なら
――
親父より
楽しめ

Taba-tour Diary

DAY1 - DAY8

父、中１の長男、小２の次男の男３人、
キャンピングカー(RV)で巡った
アメリカ旅全日程を紹介！

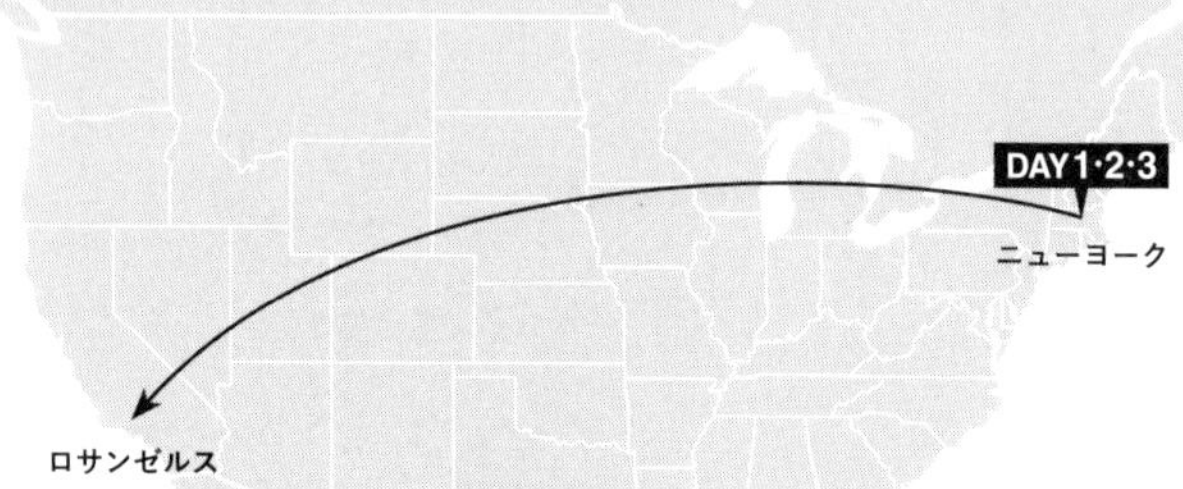

DAY1 長男からおすすめされた映画『余命10年』を見ながら予定通りJFK到着。セントラルパーク（Central Park）からマンハッタン（Manhattan）の先っぽのバッテリーパーク（Battery Park）まで散歩する。自由の女神は近くで見ると結構でかい

DAY4 ニューヨークからロサンゼルスまでは日程的に飛行機で移動。ここで旅の相棒、キャンピングカーとご対面。選んだのは「Jet Blue」という全長25ft（7.62m）のスタンダードサイズのRV。まだ車のサイズと右側通行に慣れないので、ゆるゆると運転しつつ旅の買い出しをする。

DAY3 鏡張りスケスケ展望台SUMMIT One Vanderbuilt（サミット・ワン・バンダービル）でNYの夕陽と夜景を見る。「ニッポンの少年よ!これがNYだ！

DAY2 イントレピッド海上航空宇宙博物館（USS Intrepid）はミリタリーヲタクなら丸一日飽きない展示物が盛りたくさんでおすすめ。

DAY8-1 一気に800km弱走ってポートランドへ！と調子よく運転していたら、地元警察の車に停められる。車線変更のやり方が悪かったようですぐに釈放されたが、アメリカでの運転は油断禁物である。免許証を確認されたりと不穏な空気が流れるが助手席の中1長男は、iPhoneでTikTokの動画を見て爆笑。呑気なやつ。

レッドウッド
ハイウェイ

DAY7 映画『ボトルドリーム』の舞台であり、カルフォルニアワインの聖地ナパ（Napa）へ。朝だし運転もあるので飲めず。再訪を誓う。その後ビーチ街メンドシーノ（Mendocino）へ寄る。写真映えしそうな可愛らしい街。その後、右に左にカーブが続く山道ドライブ途中、次男が車酔い。休憩を入れながらベンボウ（Benbow）のRVパークチェーンのKOAへ。

シャトー・モンテレーナ・
ワイナリー

DAY6 一気にサンフランシスコへ600km北上。途中、チャリで金門橋（Golden Gate Bridge）の絶景を回る。ウォルマートで車中泊するはずが、まさかのNG。急遽24時間営業のジムの駐車場に泊まる。

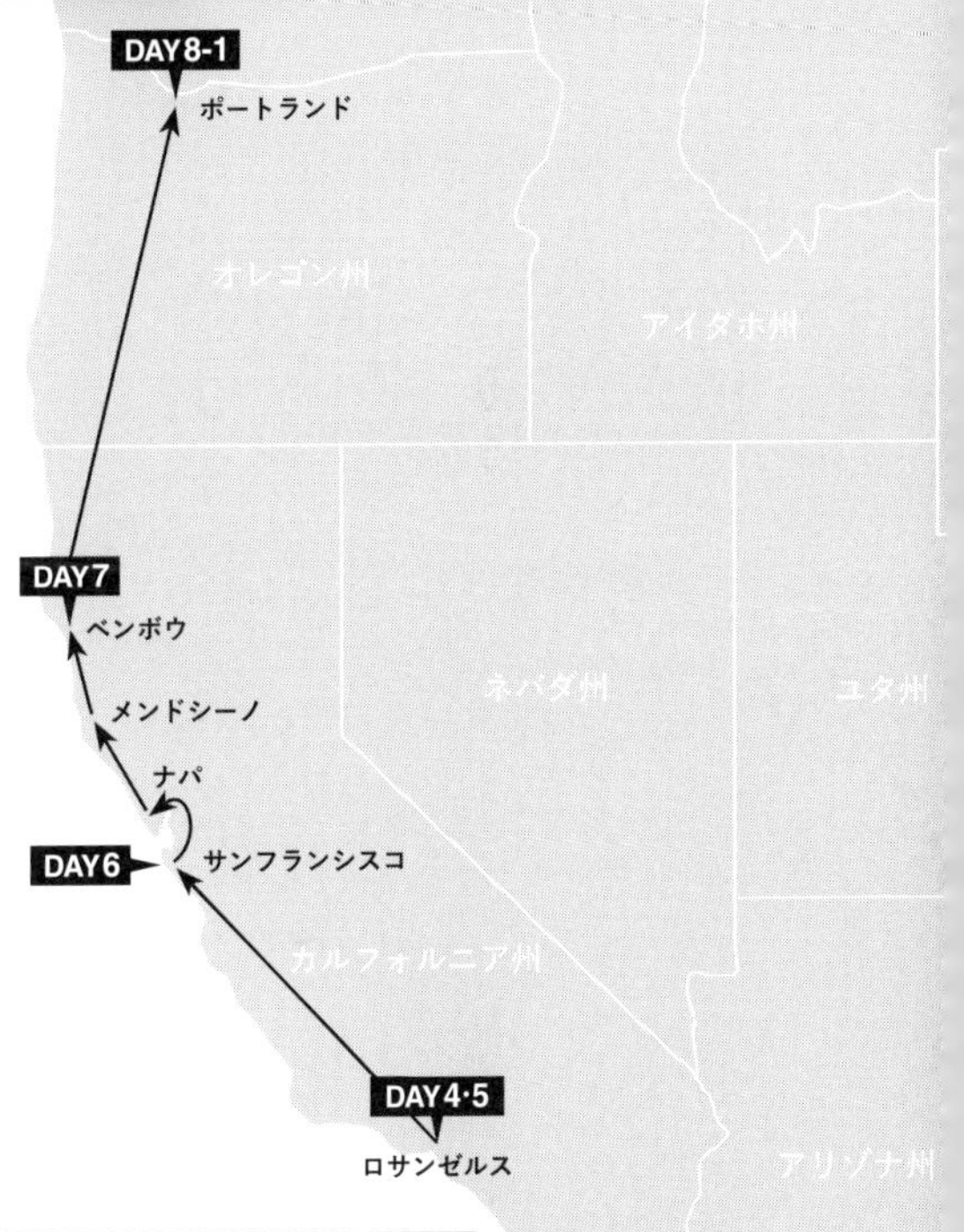

DAY5 今日からいよいよキャンピングカー旅が始まる！1泊目の宿泊地は、海沿いのリンコンパークウェイキャンプグランド（Rincon Parkway Camp ground）。サーファーに有名なビーチらしい。夕陽を見つつ、焚き火しつつビール！うめぇえ！ 息子たちもテンション上がっているようで、男3人で初日終了を祝い乾杯。

Taba-tour Diary

DAY8 - DAY14

DAY9 シアトルに到着後、マイクロソフトのビジターセンター、カフェテリアを見学。企業というか大学のような施設で、息子たちもゲームをしたり楽しんでいた。その後航空博物館（MUSEUM OF FLIGHT）へ。ここでは最新鋭F35や、『トップガンマーヴェリック』でもお馴染みのF/A18の実飛行や、米海軍のエリートパイロットによるアクロバットチーム「ブルーエンジェルス」の曲芸飛行も見られる航空祭（Sea fair Weekend）が開催されているのだ。本日はミュージアムで展示物を見ながら、次の日の本番の予習を。

カナダ

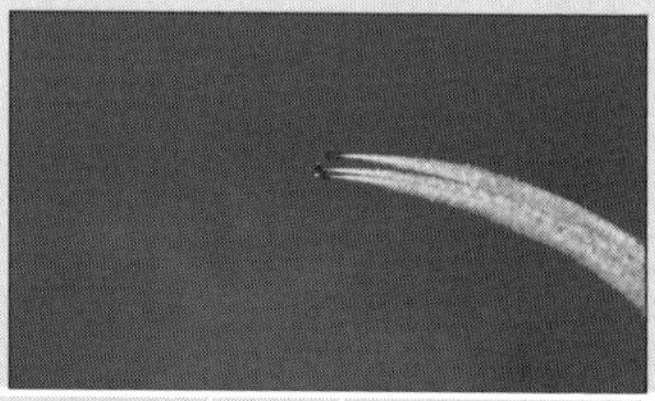

DAY10 航空祭（Sea fair Weekend）本番。街全体がそわそわ祭気分。交通規制もかかって警備も厳重。しかし前もって取っておいた専用席のチケットがまさかの明日の予約。痛恨のミスだが、こんなハプニングも旅にはつきもの。一般観客席から見る。

DAY9·10·11

シアトル

ワシントン州

DAY11 エアショーを待っている間、まさかのギックリ腰に！1週間以上もワンオペで毎日10時間近くの運転をし続けた疲労がここにきて爆発。腰をさすりながら会場でブルーエンジェルスの演技を見る。ここで一人でトイレに行った次男が迷子に！泣きながら保護されている次男を長男が発見。子連れ旅は肝を冷やされることもしばしば。

ポートランド ◀ **DAY8-2**

オレゴン州

アイダホ州

DAY8-2 ポートランドで世界最大の書店パウエル書店へ（Powell's Books）へ。日本の漫画も多く、息子たちに原題と英語の違いを確認させる。シアトルまで200kmのドライブ中、立ち寄った売店（日本のサービスエリア的な場所）が高機能なので宿泊決定。適当なスタッフの案内によりトラック野郎に怒られつつ、何とか就寝。

◀ **DAY12**

カルフォルニア州

ネバダ州

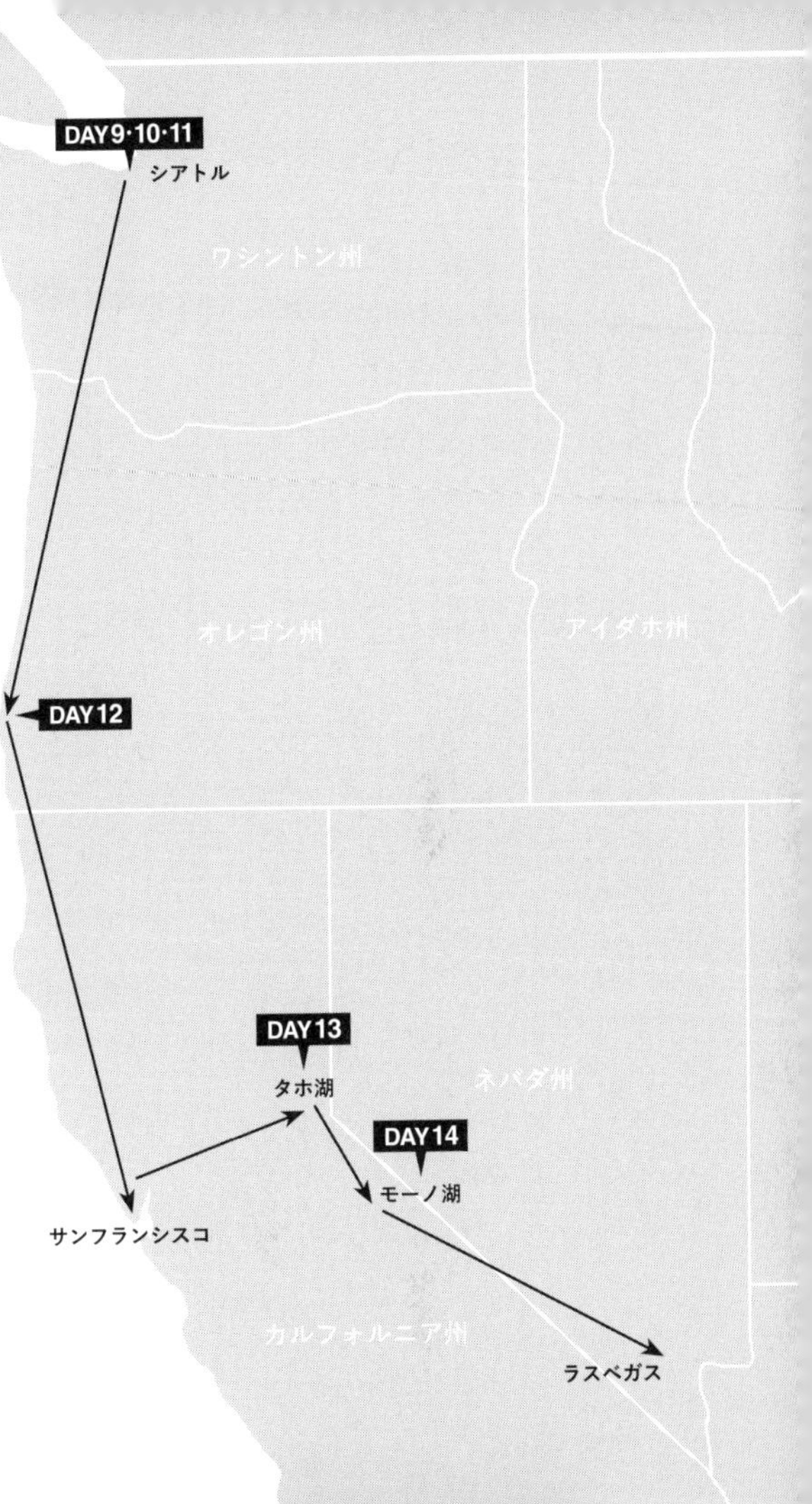

DAY12 この旅始まって初の南下、1000km弱の長距離移動の日。シアトルの富士山、マウントレーニアを横目にひたすら走る。『Born To Be Wild』をかけながらアメリカのロックの歴史を息子たちにレクチャー。

DAY13 名物のケーブルカーでサンフランシスコ満喫。南タホ湖（South Lake Tahoe）を目指し、砂漠の真ん中をひたすら走る。夜にはこの旅2回目の焚き火。

DAY14 モーノ湖（Mono Lake）で雄大な自然を感じながら、一路ネバダ州へ。誰もいない砂漠のど真ん中で、長男を一人降ろして映画撮影ごっこw 一人で歩いてきた長男の姿を見て成長を感じる。ネオンであふれたラスベガスは息子たちの目にどう映ったのだろうか。

Taba-tour Diary

DAY15 - DAY21

DAY15 ラスベガスのホテルで電気を拝借した後は、フリーウェイをひた走りザイオン国立公園（Zion National Park）へ。壮大すぎる景色に言葉も出ない。ただただ凄い。そしてアリゾナ州の人気絶景スポット、ホースシューベンドで崖から見下ろす。長男は初めて「死のリアリティ」を感じたと言う。

DAY16 約5万年前に隕石が地上に激突してできたメテオクレーターに到着。意外ときちんとした宇宙教育の施設があるので、展示を見てから、直径1.2km 深さ200m の衝突した隕石の穴を見学。次の目的地、内陸の最果て!モニュメントバレーへ! もはや地球とは思えない!火星に来たようだ!!!次の日のガイドを頼んで早めに就寝、の予定が駐車場を追い出される。怖々と真っ暗闇をヘッドライトだけで運転。

DAY17 旅もクライマックス! モニュメントバレーをナバホ族が運転手&ガイドをやるツアーで回る。他の客は誰もいなく貸し切りプライベートツアー!神秘的な景色にただただ感服。所詮は人間が作った「言葉」などによる記述を拒否する圧倒的なまでの大自然の力と、この景観を作り上げるのにかかった年月の蓄積を感じる絶景!

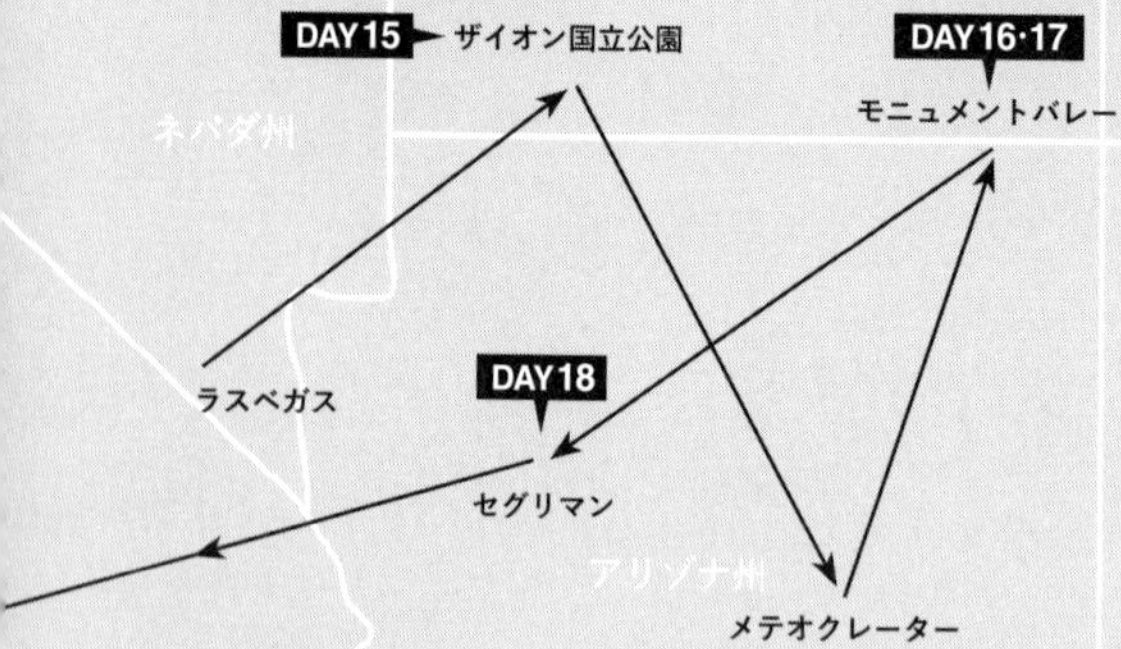

DAY18 ロサンゼルスに戻る途中、映画『カーズ』の舞台ともなったセリグマン（Seligman）に寄る。全米で初めてのハイウェイとなったルート66の始点でもある。古き良きアメリカでもあり、寂れた街とも言えそうな街並みだ。アメリカ人のソウルフード、「IN-N-OUT」でハンバーガーを食べる。

DAY21 3週間の旅はディズニーランドで完結！「スターウォーズ」のライトセーバーをお土産に5本買う。ミレニアム・ファルコン号の前で、父と息子、師弟対決気取りを決めこんでみる。なんだか、こういうバカを息子たちとやるのって楽しいんだよなあ。

DAY19 サンタモニカの遊園地で遊び、ビーチで海水浴！　これまで酔狂な旅に付き合ってくれた息子たちに全力で付き合う。昼寝を挟みつつ、「HOLLYWOOD」の看板を見に行くが大したことない。

ユタ州

ネバダ州

DAY18

セグリマン

DAY19·21

ロサンゼルス

カルフォルニア州

アリゾナ州

サンディエゴ

DAY20

メキシコ

DAY20 ミリオタの長男が熱望していたサンディエゴの海軍航空博物館（USS Midway Museum）に行く。トップガンが好きな人なら楽しめること間違いなし！　メキシコが近いせいかタコスも絶品。サンディエゴはシアトルやサンフランシスコのようなイケてる港町の雰囲気を保ったまま、LA の間延びしたノッペらい感じがなく、それでいて、THE 西海岸！の香りもありいい街だ。

おわりに

本書の校了を控えた2023年3月上旬、私は、羽田発の朝イチ便で実家の小松に戻った。目的は、母に会うためである。

母は、数年前から進行性の脳の病気となった。治療方法の見つかっていない難病だ。病状は、ゆっくりだが確実に進む。昨年秋からは年老いた父による自宅介護にも限界があるということで、介護施設に入っている。世間ではコロナへの警戒感は緩みつつある2023年の春でも、老人介護施設の警戒はいまだ厳しく、正月の帰宅も許されず、施設での面会は、アクリル板越しになってしまう。これまでは、脳機能は弱るものの、身体は健康だったのだが、年明けからは体重も減りだしていた。直に対面する機会は、2月に1回程度の経過観察があり、その通院に付きそう場面しかないため、その機会を捉えるべく、日帰りで帰省したのだ。

病院の待合ロビーに、父と妹と私と、家族が集まり、母と久しぶりの対面を待っていた。施設からの送迎車が車寄せに着いた。母が降ろされ、車椅子を妹に押されてこちらにやってくる。直前まで、北海道のニセコ町でスノーボードに行き外国人にまみれたりと、東京で好き勝手しまくっている私との接触は、施設が嫌がるかもしれないということで、私は車寄せには出ず、ロビーで待っていた。

妹が、母に「今日は、サプライズの特別ゲストがいるのよ!」と話しかけながら、車椅子がこちらに向かってくる。

さあ、久しぶりの親子対面である。

ところが、実の息子である私の顔を見ても、どうにも反応が薄い。こちらから話しかけると意味は分かっているのか、目元に笑みが浮かんだりするものの、母の方から発話をすることが出来ず、会話もままならない。

覚悟はしていたものの、いよいよ病気の進行がここまで来てしまったかと、久しぶりに母に会えたという喜びよりも、困惑の方が上回った。

診察と検査自体は、1時間ほどで終わり、本当はすぐに施設に戻るべきところ、家族4人で実家に戻った。行きつけの回転寿司をテイクアウトしての、ささやかな親子4人の昼食会だ。甘いものが好きな母のために、ケーキも買った。

噛んで飲み込む力も弱っているため、寿司を食べさせることは諦め、買ってきたケーキのクリームの部分を私がスプーンですくい、母に食べさせた。食欲はあるようで少し安心した。「人間は歳をとると赤ん坊に戻る」というが、母は離乳食を食べる無邪気な赤ん坊のようだった。

そんな母が、もっとも強く反応したのは、長男とのアメリカ旅行の写真を見せながら、「あいつは寮の中学に入って、楽しそうにやってるよ。身長も172cmになったんだよ」という話をしたときだった。目を丸くして「あら、そうなの！　すごいわねえ」とでも、言いたそうな声を出した。

そんな中で蘇ってきた記憶がある。私にとっては、忘れられない春の記憶だ。

1994年の春、私は東京の大学に合格した。憧れだった東京での一人暮らしが始まることとなり、部屋の契約などの準備のため、母が私と上京してくれた。武蔵小杉駅の近くにアパートを借り、家財道具も揃え、鍵の受け渡しも終えた。

本書にも書いたが、私は、ずっと東京での暮らしに憧れていた「メディア野郎」である。そんな私は、もう受験勉強もしなくていい！ さあ、レコード屋にも書店にも、クラブにも通い放題だ！ 深夜放送もエッチなビデオも遠慮なく見放題だ！ 本当の俺の人生が、いよいよ！ さあ、ここから始まる！ とばかりに胸が高鳴りまくっていた。


そんな興奮状態の私であったが、新生活の準備を終え、付き添ってくれた母を見送るべく、二人で並んで駅まで歩いた。その道すがら、私は気づいた。母は、なんだかひどく悲しそうなのである。

一人暮らしの始まりに、嬉しさを抑えきれず、正直、1秒でも早く、母に帰ってほしいと願う自分。でも、そんなカゴから放たれた鳥のように嬉しそうな息子を咎めることもできず、とても寂しそうな顔で、息子の横を歩く母の胸中を思うと、ああ、親子というものは、ここまで残酷にスレ違ってしまうものなのかと、息子ながらに感じた。さすがの私も、少しは気が咎め、心持ち、駅までゆっくり歩いた。それでも改札にすぐに着いてしまい、とても寂しそうな顔をした母を見送ったことをよく覚えている。

「親の心子知らず」というが、親子とは、そもそも、そのような片思いなのだ。

最後に改めて、言っておこう。

この本に書いてきたことは、父から息子への一方的な手紙でしかない。もし子どもたちに、命令できるなら、私からの唯一の願いは「自分の人生を楽しめ！」だ。

遅かれ早かれ、私は死ぬ。子どもたちも、いつかは死ぬ。

どの程度、人生を楽しめたか、その答え合わせは、あの世で、じっくりやろうじゃないか。

さて、男3人の酔狂な旅に快く送り出してくれた妻と、チアリーディングの練習に出るために東京に残った娘。そして、本書を編集してくれた松田祐子さん、文章構成を担当してくれた但馬薫さん4名の女性に心からの感謝を申し上げたい。あなたたちの理解と協力なくしては、あの旅行もなく、この本が世に出ることもなかったであろう。

どんなに遠くまで旅をしてみても、いつだって男なんて、女性から見れば、お釈迦《しゃか》様の手のひらの上の孫悟空である。息子よ、このこともよく覚えておけ！

田端信太郎

自分を探すな 世界を見よう
父が息子に伝えたい骨太な人生の歩き方

2023年3月30日 第1刷発行

著者　田端信太郎
発行者　鉄尾周一
発行所　株式会社マガジンハウス
〒104-8003
東京都中央区銀座3-13-10

書籍編集部　☎03-3545-7030
受注センター　☎049-275-1811

印刷・製本所　凸版印刷株式会社
企画協力・構成　但馬 薫
ブックデザイン　TYPEFACE(CD 渡邊民人、D 谷関笑子)

ISBN978-4-8387-3234-0 C0037